Ingolf Wernicke

Reinickendorf

Der grüne Norden Berlins:
Geschichte, Daten und Fakten,
Sehenswürdigkeiten

Jaron

Originalausgabe
1. Auflage 1997

Umschlaggestaltung: Maria Herrlich, Berlin, unter Verwendung eines Fotos von Günter Schneider
Fotos: Heimatmuseum Reinickendorf (S. 71 u.), Günter Schneider (alle übrigen)
Druck und Bindung: Clausen & Bosse, Leck
ISBN 3-932202-60-0

Inhalt

Grußwort

Reinickendorf, der grüne Norden Berlins, ist ein Bezirk mit vielen Facetten. Er vereinigt ausgedehnte Waldgebiete und Wasserflächen wie den Tegeler Forst, den Tegeler See und die Havel, Industrie- und Gewerbegebiete und auch die schönsten Wohngegenden Berlins. Historisches und Modernes, städtische und dörfliche Elemente haben Reinickendorf mit seinen Einzigartigkeiten über die letzten Jahre und Jahrzehnte geprägt.

Man trifft auf Großsiedlungen wie das Märkische Viertel mit über 50 000 Einwohnern, aber auch auf Ortsteile wie Lübars, das letzte erhalten gebliebene Bauerndorf innerhalb der Stadtgrenzen Berlins. Im Tegeler Fließ kann man eine der letzten im Urzustand erhaltenen Landschaften der Stadt erleben.

Damit die gewachsenen Strukturen erhalten bleiben und verbessert werden können, hoffen wir für die Zukunft, daß die Wirtschaft und Industrie an ihrem Standort Reinickendorf festhalten und in unserem Bezirk auch ihren Schwerpunkt für Investitionen finden.

Wir freuen uns, daß es dem Jaron Verlag in seiner neuen Reihe »Berlin kompakt« gelungen ist, Reinickendorf als ersten Berliner Bezirk mit seiner interessanten Geschichte, den einzelnen Ortsteilen, seinen Sehenswürdigkeiten, den wichtigsten Daten und Adressen der Öffentlichkeit vorzustellen, und möchten zugleich dem Autor, Dr. Ingolf Wernicke, für die geleistete Arbeit danken. Wir hoffen, daß sich nicht nur die Reinickendorfer, die mit diesem Buch ihren Heimatbezirk etwas besser kennenlernen wollen, angesprochen fühlen, sondern auch Berlinerinnen und Berliner aus anderen Bezirken und unsere Nachbarinnen und Nachbarn aus Brandenburg. Unsere Gäste aus nah und fern sollen Lust auf einem Ausflug oder einer Erlebnistour durch Reinickendorf bekommen. Wir wünschen allen viel Spaß beim Lesen.

Marlies Wanjura
Bezirksbürgermeisterin

Uwe Ewers
Bezirksstadtrat für Finanzen, Wirtschaft und Kultur

Die Ortsteile des Bezirkes

Der Bezirk im Überblick

1920 wurde Reinickendorf als 20. Verwaltungsbezirk aus den Landgemeinden Reinickendorf, Tegel, Wittenau, Hermsdorf, Heiligensee und Lübars gegründet. Hinzu kamen der westliche Teil der Landgemeinde Rosenthal, der Ortsteil Wilhelmsruh und die Gutsbezirke Frohnau, Tegel-Forst-Nord, Tegel-Schloß sowie Teile des Gutsbezirkes Jungfernheide. Bei der Bezirksgebietsreform im Jahre 1938 erhielt Reinickendorf die Gebiete nördlich des Hohenzollernkanals von Charlottenburg und die Insel Valentinswerder von Spandau, der Ortsteil Wilhelmsruh hingegen ging an den Bezirk Pankow.

Reinickendorf grenzt im Nordwesten und Norden an die Orte Stolpe, Hohen Neuendorf, Bergfelde und Glienicke des Landkreises Oberhavel in Brandenburg, im Osten stößt es an die Ortsteile Blankenfelde, Rosenthal, Wilhelmsruh und Schönholz des Bezirkes Pankow, und im Süden und Südwesten grenzt es an die Bezirke Wedding, Charlottenburg und Spandau (Ortsteile Gartenfeld und Siemensstadt). Im Westen bilden die Havel und der Nieder-Neuendorfer See die natürliche Grenze zwischen Reinickendorf und Spandau (Ortsteil Hakenfelde), Nieder-Neuendorf und Hennigsdorf des Landkreises Oberhavel in Brandenburg.

Der grüne Norden Berlins, auf den Ausläufern des Barnims gelegen und im Süden und Westen mit den Ortsteilen Tegel, Heiligensee und Wittenau bis an die Täler von Spree und Havel heranreichend, wird durch den Tegeler Forst und die Jungfernheide, durch das Havelufer und den Tegeler See mit seinen Halbinseln und Inseln Reiherwerder, Hasselwerder, Lindwerder, Baumwerder, Scharfenberg, Valentinswerder, Maienwerder und Reiswerder, durch natürliche Seen wie Schäfersee und Heiligensee und die Fließtallandschaft, die sich von Tegel über Waidmannslust und Hermsdorf nach Lübars erstreckt, charakterisiert. Hinzu kommen künstliche Seen wie der Lübarser Ziegeleisee, der Hubertussee, der Steinbergparksee und der Flughafensee. Die Oberfläche wurde während einer Stillstandslage der abschmelzenden Eismassen während der letzten Eiszeit gebildet. Folglich findet man im gesamten Bezirk den Formenschatz der glazialen Serie wie Grundmoränenlandschaften – z. B. in Hermsdorf, östlich von Wittenau oder in Lübars –, Osrücken und -gräben bei Lübars, Sumpf- und Moorgebiete entlang des Fließtals und eiszeitlich geformte Dünenlandschaften wie die Apolloberge bei Schulzendorf mit einer Höhe von 65 Metern oder bei Heiligensee. Die Schicht des durch Gletscher der letzten Eiszeit zerriebenen Materials, die den Bezirk Reinickendorf bedeckt, beträgt zwischen zehn und 14 Metern. Das Fließtal ist durch den Schmelzwasserabfluß der letzten Eiszeit entstanden und bildete eine Sumpf- und Seenlandschaft. Noch im Mittelalter waren weite Teile des Fließtals überflutet und sehr fischreich, seitdem ist das Fließtal einem Verlandungsprozeß mit Moor- und Torfbildung unterworfen.

Der 69 Meter hohe Ehrenpfortenberg im Tegeler Forst ist die höchste natürliche Erhebung des Bezirkes, das höchste Bauwerk ist der 344 Meter hohe Fernmeldeturm der »Telekom« in Frohnau.

Im Tegeler Fließ findet man die ältesten Spuren menschlicher Besiedlung des Berliner Raumes. Sie stammen von den sogenannten Rentierjägern aus der Zeit um etwa 10 000 v. Chr. Die Besiedlung des Gebietes von Reinickendorf erfolgte während der Ostkolonisation ab dem 13. Jahrhundert, wobei sich in einigen Ortsteilen wie z. B. in Tegel auch Spuren einer längeren slawischen Geschichte nachweisen lassen.

Zu den ältesten urkundlich nachweisbaren Dorfgründungen auf dem Gebiet des heutigen Bezirkes Reinickendorf zählt Lübars im Jahre 1247. Wie Lübars besitzen Reinickendorf und die Dörfer Tegel, Hermsdorf, Heiligensee und Dalldorf (heute Wittenau) bis heute ihre Dorfauen, und Reinickendorf und Wittenau haben die Ende des 15. Jahrhunderts zumeist an der Stelle von Vorgängerbauten errichteten Dorfkirchen als Zeugnisse der alten Siedlungskerne. Während einige Dörfer wie Lübars, Wittenau und Tegel bis 1558 im Besitz des Spandauer Nonnenklosters waren, später dem Kurfürsten unterstanden oder in privaten Besitz gelangten, wird das Dorf Reinickendorf bereits 1397 als Kämmereibesitz der Stadt Berlin erwähnt. Nach mehrfachem Besitzerwechsel mit Berlin bildete Reinickendorf ab 1852 eine selbständige Landgemeinde.

Mit der in der zweiten Hälfte des 18. Jahrhunderts einsetzenden Industrialisierung und der Verkehrserschließung 1877 durch die Nordbahn, 1881 durch die Berliner Pferdebahn und 1893 durch die Kremmener

Bahn erlebten die Dörfer einen starken Bevölkerungszuzug und den Beginn der Vorortbesiedlung. Während 1801 im Bereich des heutigen Bezirks nur 1092 Einwohner lebten, stiegen die Zahlen bis 1885 auf 13 337 Einwohner an, und mit der Eröffnung der Borsigwerke Tegel im Jahre 1898 und der damit einsetzenden Ansiedlung zahlreicher Industriebetriebe erhöhte sich die Einwohnerzahl vor dem Ersten Weltkrieg auf 77 366 Personen.

Mit der Industrialisierung des Bezirkes begann auch der Bau von Werks- und Genossenschaftssiedlungen – wie Borsigwalde oder die Freie Scholle –, und in Reinickendorf, Wittenau und Tegel begann die Errichtung von mehrstöckigen Mietwohnhäusern.

In den zwanziger Jahren folgten weitere Siedlungen wie die als Mustersiedlung im Stil der Neuen Sachlichkeit erbaute »Weiße Stadt« in Reinickendorf. Die Ortsteile Frohnau, Hermsdorf und Waidmannslust waren im wesentlichen durch Landhausbebauung geprägt. Während der dreißiger Jahre wurde an der nördlichen Stadtgrenze die Invalidensiedlung errichtet. Während des Zweiten Weltkrieges produzierte eine Vielzahl von Betrieben für die deutsche Rüstungswirtschaft. Neben den Bombardierungen der Industrieareale und der angrenzenden Viertel blieb Reinickendorf im Gegensatz zu den Innenstadtbezirken weitestgehend von Kriegszerstörungen verschont. Trotz zahlreicher Demontagen nach Kriegsende konnte Reinickendorf sich bis heute als wichtiger Industrie- und Dienstleistungsstandort halten. Nach dem Mauerbau 1961 entstand bis Mitte der siebziger Jahre am Ostrand des Bezirkes an der Sektorengrenze das Märkische Viertel als erste große Neubausiedlung Westberlins im Charakter einer Satellitenstadt für über 50 000 Einwohner. Nach dem Fall der Mauer im Jahre 1989 erhielt Reinickendorf sein altes Umland zurück und entwickelt sich heute zu einem modernen Wirtschafts-, Verwaltungs- und Dienstleistungszentrum im Norden Berlins.

Reinickendorf hat eine Fläche von 8946 Hektar und nimmt etwa ein Zehntel des gesamten Berliner Stadtgebietes (88 912 Hektar) ein. Hinter Köpenick mit 12 735 Hektar und Spandau mit 9191 Hektar bildet Reinickendorf den drittgrößten Berliner Bezirk. Mit knapp 256 000 Einwohnern ist Reinickendorf nach Neukölln der bevölkerungsstärkste Bezirk.

Etwas weniger als ein Viertel der Bezirksfläche, insgesamt 1971 Hektar, besteht aus Wald, und 740 Hektar (8,27 Prozent) sind Wasserflächen.

Zu den großen Waldarealen zählen der Tegeler Forst, die Jungfernheide und die Bieselheide nördlich von Frohnau; die größten natürlichen Gewässer bilden die Havel, der Tegeler und der Nieder-Neuendorfer See. Von Ost nach West durchfließen das Tegeler Fließ und der 1928 angelegte Nordgraben den Bezirk.

Die Wohnfläche umfaßt mit 2364 Hektar etwas über ein Viertel der Bezirksfläche. Mit 387 Hektar Gewerbe- und Industriefläche, die nur 4,3 Prozent der Gesamtfläche ausmachen, steht Reinickendorf hinter Spandau (547 Hektar) und Tempelhof (449 Hektar) an dritter Stelle im Berliner Bezirksvergleich. Die Gewerbeflächen konzentrieren sich im wesentlichen auf die Bereiche Tegel (zwischen Veit- und Otisstraße), Wittenau und Borsigwalde (zwischen Holzhauser Straße und Eichborndamm) und Reinickendorf-Ost (nördlich der Flottenstraße).

Die Bevölkerungsdichte ist in Reinickendorf mit 28,1 Einwohnern pro Hektar im Vergleich zu den Innenstadtbezirken (z. B. Kreuzberg mit 151 Einwohnern/Hektar) gering. Vergleicht man den Anteil der Siedlungs- und Verkehrsflächen an der Gesamtfläche, so ist dieser in Reinickendorf mit 64 Prozent wesentlich geringer als in den Innenstadtbezirken (z. B. Prenzlauer Berg: 98,8 Prozent). Im Bezirk leben 23 578 Ausländer, von denen die Türken mit 6127, die Angehörigen der Nachfolgestaaten von Jugoslawien mit 4927 und die Angehörigen der Europäischen Union mit 3782 Personen die größten Gruppen bilden.

Größere Einkaufs- und Geschäftszentren findet man heute in der Scharnweberstraße und der Gegend um den Kurt-Schumacher-Platz in Reinickendorf-West, im Areal der Fußgängerzone Gorkistraße und der Berliner Straße in Tegel, außerdem entlang der Residenzstraße in Reinickendorf und im Märkischen Zentrum am Senftenberger Ring sowie am Wilhelmsruher Damm im Märkischen Viertel.

Der Bezirk ist durch zahlreiche Buslinien, durch die U-Bahn-Linien U6 und U8, durch die S-Bahn-Linien S1, S2 und S25 sowie durch die Autobahn A 111, die Bundesstraße 96 und durch viele weitere Straßen an Berlin angebunden.

Die Ortsteile

REINICKENDORF

Reinickendorf, das 1920 dem 20. Berliner Verwaltungsbezirk den Namen gab, wurde im 13. Jahrhundert während der askanischen Kolonisation gegründet. Der Name des im Mittelalter als »Reynkendorp« bezeichneten Dorfes geht vermutlich auf den Ortsgründer Reinhard zurück. Im Gegensatz zu den anderen Ortsteilen des Bezirkes war Reinickendorf von 1397 bis 1632 und ab 1710 nicht im Besitz eines privaten Gutsherren, sondern gehörte als Kämmereidorf der Stadt Berlin und mußte seine Abgaben an die Stadtkasse leisten.

Den zum Teil noch gut erhaltenen Ortskern dieses historischen Angerdorfes zu finden, ist im heutigen Straßengewirr des einstigen Berliner Vorortes gar nicht so einfach. Alt-Reinickendorf gleicht heute einer Insel der Ruhe, eingeschlossen und umschlungen von zu allen Tageszeiten überfüllten Hauptverkehrsstraßen und der S-Bahn. Im Osten sind es die Residenz- und Kopenhagener Straße, im Süden die Lindauer Allee, im Westen die Roedernallee und im Norden die S-Bahn S 25 von Lichterfelde-Ost nach Tegel – die historische Linie der Kremmener Bahn, die einst von Gesundbrunnen über Pankow, Schönholz, Reinickendorf, Tegel, Heiligensee, Hennigsdorf, Velten, Schwante nach Kremmen führte. Der weitere Ausbau der Linie in die Nordberliner Vororte ist geplant.

Nach Alt-Reinickendorf gelangt man gut auch ohne Auto mit der soeben erwähnten S 25 bis Reinickendorf, mit der U-Bahn (U 8) bis Paracelsusbad (nach dem 1960 Roedern-/Ecke Lindauer Allee erbauten gleichnamigen Hallenschwimmbad benannt) oder mit den Bussen 120, 122, 228 und 322.

Sowohl vom S-Bahnhof als auch von der U-Bahnstation und von den Bushaltestellen bedarf es eines kurzen Fußweges, bis man – immer die Straße Alt-Reinickendorf entlang – die alte Dorfaue erreicht. Da die Dorfanlage trotz Kriegszerstörungen und Überbauungen in ihrer Form als Angerdorf mit einigen älteren Gebäuden erhalten ist und zum Teil auch wiederhergestellt wurde, lohnt ein kleiner Rundgang über die Dorfaue.

Schon von weitem zeugt die alte malerische Kirche von der Vergangenheit des Dorfes, in dem zu Beginn des 19. Jahrhunderts noch nicht einmal 200 Menschen lebten. Die Dorfkirche ist in ihrer heutigen Form gegen Ende des 15. Jahrhunderts erbaut worden. Charakteristisch für den spätmittelalterlichen Bau sind die aus Feldsteinen mit teils rundbogigen, teils spitzbogigen Fenstern versehenen Außenmauern. Die Kirche wurde als kleiner unverputzter Saalbau mit einem rundbogigen Chor errichtet, der in Berlin einmalig ist. An der Westfront wurde sie im Jahre 1713 durch einen barocken, quadratischen Turm ergänzt. Im Inneren werden auf einem Flügelaltar aus dem 16. Jahrhundert auf mehreren bemalten Holztafeln Passionsszenen nach Holzschnitten von Albrecht Dürer dargestellt.

Unmittelbar vor der Dorfkirche zeugen heute drei stark verrostete Eisenkreuze und mit Efeu bewachsene Grabstätten von der Existenz des alten Dorffriedhofes auf dem Anger. Hier liegen u. a. Caroline Klamann (gest. 1867), deren Hof sich Alt-Reinickendorf 25–29 (heute Fabrikgelände) befand, sowie der Bauer Gottfried Ludwig Kerkow (gest. 1869) und seine Frau Anna Sophie begraben, deren Hof in Alt-Reinickendorf 47/48 erhalten geblieben ist. Bis 1911 standen auf dem Dorfanger vor dem Chor der Kirche die alte Dorfschule und bis zum Ende des 19. Jahrhunderts westlich davon das Haus des Lehnschulzen.

Der Rundgang über die Dorfaue entlang einiger noch erhaltener Bauernhäuser vermittelt dem Besucher das Ortsbild des 19. Jahrhunderts. Auf dem Grundstück 36/37 ließ sich der Bauer Carl Blanke von einem heute nicht mehr bekannten Maurermeister ein Wohnhaus errichten. Die meisten älteren Dorfgebäude stehen heute unter Denkmalschutz, wie z. B. das Ribbesche Büdnerhaus Nr. 35 von 1826, das Wohngebäude Nr. 36/37 von 1887 und die schon vor 1878 errichteten Stallgebäude und die Scheune.

Direkt neben dem Wohngebäude befindet sich auf dem Grundstück Nr. 38 das alte Rathaus bzw. Amtshaus der Gemeinde, das 1885 als zweigeschossiger, rot-gelber Ziegelbau fertiggestellt und 1896/97 um ein Geschoß erweitert wurde, und bis zur Eingemeindung Berlins und bis zur Bildung des Verwaltungsbezirkes Reinickendorf im Jahre 1920 als Amtssitz des Gemeindevorstehers und kommunales Verwaltungszentrum genutzt wurde. Heute befinden sich hier die Gewerbepolizei und das Büro des CDU-Kreisverbandes Reinickendorf in diesem Gebäude.

In dem sehr gut erhaltenen, repräsentativen dreigeschossigen ehemaligen Wohnhaus Nr. 45/46 befindet sich heute die Abteilung Finanzen, Wirtschaft, Kultur des Bezirksamtes Reinickendorf von Berlin. Am Eingang Nr. 45 erinnert eine Gedenktafel daran, daß hier von 1922 bis 1933 der Arzt, Sexualpädagoge, Stadtarzt und Leiter des Gesundheitsamtes Reinickendorf Max Julius Hodann (30.8.1894–17.12.1946) arbeitete. Max Julius Hodann war der Gründer der ersten Mütterberatungsstelle in Berlin, Leiter des »Proletarischen Gesundheitsdienstes« und Mitarbeiter im Institut für Sexualwissenschaft von Magnus Hirschfeld. Er emigrierte 1933 zunächst in die Schweiz, war als Militärarzt im Spanischen Bürgerkrieg tätig und lebte dann in Schweden.

Die Dorfaue von Alt-Reinickendorf ist heute mit unterschiedlichen Bauten verschiedener Epochen und Baustile durchmischt. Neben einigen älteren Bauernhäusern und Einfamilienhäusern dominieren viergeschossige Mietwohnhäuser neben zweigeschossigen Apartmentwohnhäusern. An der nördlichen Seite des Dorfangers findet man heute nur noch Kleinhaussiedlungen, technische und kirchliche Bauten wie z. B. das Pfarrhaus in Alt-Reinickendorf 21, in dem von 1935 bis 1971 der Pfarrer Hans Dannenberg wirkte, der in den letzten Kriegsjahren Verfolgte vor dem Zugriff bewahrte und sich nach dem Krieg als Gründungsmitglied der CDU Berlin um den Wiederaufbau der Stadt und des Bezirkes Reinickendorf verdient gemacht hat.

Die ursprüngliche dörfliche Bebauung ist im nördlichen Teil des Angers nahezu vollständig verschwunden. Neben Mietwohnbauten hatten sich kleinere Industrie- und Gewerbebetriebe angesiedelt wie z. B. die »Prometheus GmbH« in Alt-Reinickendorf 23–27, die Eisenteile wie z. B. Zahnräder und Getriebe und während des Zweiten Weltkrieges wichtige Rüstungsgüter produzierte. Heute befindet sich unter anderem ein großer Glaserei-Betrieb auf diesem Gelände.

Nördlich des historischen Dorfensembles erstreckt sich jenseits der S-Bahn – direkt durch den Stegeweg mit Alt-Reinickendorf verbunden – an der Flottenstraße das Reinickendorfer Industriegebiet. Mit Ausnahme der Polizeidirektion 1 (Ecke Kopenhagener Straße) dehnt sich das Areal bis zu den Gleisen der Nordbahn (S-Bahn in Richtung Oranienburg) aus, die hier auch die Bezirksgrenze zwischen Reinickendorf und den Pankower Ortsteilen Wilhelmsruh und Schönholz bilden. Das gesamte Gelände gehörte neben den Borsigwerken in Tegel sowie den Industriegebieten am Eichborndamm in Wittenau und entlang der Holzhauser Straße bei Borsigwalde zu den wichtigsten Industriezentren Reinickendorfs. An der Flottenstraße befanden sich als Zentrum der Luftwaffenindustrie während des Zweiten Weltkrieges wichtige Firmen für die Rüstungsproduktion wie z.B. die Argus-Werke (Flugzeugmotoren für Jagdflugzeuge) oder die Fa. Heinkel (Flugzeugteile). Wenn auch weite Bereiche dieses ehemaligen Industrieareals heute einer neuen Nutzung zugeführt werden, gibt es in der Flottenstraße noch zahlreiche Industrie- und Dienstleistungsbetriebe, unter anderem eine große Recycling-Firma und eine Betonfirma.

Westlich von Alt-Reinickendorf trifft man auf den Kienhorstpark, der nach dem Entwurf des Reinickendorfer Gartendirektors F. Kurth 1931/32 mit einem Schwanenteich angelegt wurde und heute als denkmalwerte Grünanlage betrachtet wird. Er erstreckt sich bis zur Oranienburger Straße.

Die bis an den östlichen Teil von Alt-Reinickendorf am Kolpingplatz heranführende Residenzstraße, die die Verbindung Reinickendorfs über die Reinickendorfer Straße im Wedding mit dem Zentrum Berlins (ehemals führte sie direkt zum Berliner Stadtschloß, zur Residenz) herstellte, zählt heute zu den wichtigsten Einkaufsstraßen Reinickendorfs. In der Straße findet man sehr unterschiedliche Haustypen verschiedener Epochen: vom Bauernhaus des 19. Jahrhunderts über Geschoßwohnungsbauten bis zu modernen Glas- und Betongebäuden. Wie in der Reichsstraße in Charlottenburg, in der Turmstraße in Tiergarten oder in der Müllerstraße im Wedding wird auf der Residenzstraße an mindestens einem Wochenende im Jahr ein großes Straßenfest veranstaltet, für welches die gesamte Straße zu einer großen Fußgängerzone mit Buden und Ständen umgestaltet wird.

Die Einkaufsstraße kann man bequem mit der U 8 über die Bahnhöfe Residenzstraße im Norden und Franz-Neumann-Platz im Süden der Straße, deren Verlängerung ab der Bezirksgrenze zu Wedding Schweden-, dann Bad- und Brunnenstraße heißt, erreichen.

Ungefähr 70 Meter westlich des U-Bahnhofs Franz-Neumann-Platz liegt in beinahe kreisrunder Form der Schäfersee. Der Name des Sees rührt von der Schäferei her, die sich hier einst befand. Der Schäfer trieb seine Herde auf die Wiesen um den See herum. Bevor man die Schafe schor, wurden sie im Wasser des Sees gewaschen, um die Wolle zu reinigen. In der Nähe des Sees soll sich der Sage nach einst der Rittersitz Neuenhagen befunden haben, nach dem der von der Residenzstraße abgehende Ritterlandweg benannt ist. Der Schäfersee hat eine Tiefe von sieben Metern. Um die Jahrhundertwende existierte am See noch eine Badeanstalt; nordwestlich des Schäfersees erinnert die Mudrackzeile daran, daß sich hier an einigen vom See abgetrennten Eisteichen einst die Eisfabrik Mudrack befand. Heute ist der Schäfersee von einem Freizeit- und Erholungspark mit einer südlich anschließenden Fußgängerzone, die 1979 errichtet wurde, umgeben. In der nördlich an den Schäfersee angrenzenden Stargardtstraße 11–13 befindet sich die Stadtteilbibliothek Reinickendorf-Ost.

Die U-Bahn Station am Schäfersee erinnert an den Reinickendorfer Franz Neumann, der im Widerstand tätig war; nach 1945 war er stellvertretender Bürgermeister in Reinickendorf, von 1946 bis 1958 Vorsitzender der Berliner SPD, bis 1960 Stadtverordneter und Mitglied des Berliner Abgeordnetenhauses und ab 1949 Vertreter Berlins im Bundestag.

Als ein Baudenkmal besonderer Güte erstreckt sich direkt südlich der historischen Dorfaue von Reinickendorf östlich und westlich der Aroser Allee die »Weiße Stadt«. Sie zählt neben der Siemensstadt, der »Hufeisensiedlung« in Britz und der Waldsiedlung »Onkel-Toms-Hütte« in Zehlendorf zu einer der vier Großsiedlungen Berlins der Weimarer Republik.

Die wegen ihres ausschließlich weißen Farbanstrichs als »Weiße Stadt«, offiziell aber auch als »Großsiedlung Schillerpromenade« bezeichnete Wohnsiedlung wurde von 1929 bis 1931 von der stadteigenen »Gemeinnützigen Heimstättengesellschaft Primus m. b. H.« mit drei- bis fünfgeschossigen Wohnblöcken mit 1286 Wohneinheiten für Arbeiter und Angestellte in Berlin-Reinickendorf errichtet. Die Projektierungsarbeiten der Gesamtsiedlung wurden an die drei in Berlin etablierten Architekten Otto Rudolf Salvisberg, Wilhelm Brüning und Bruno Ahrends vergeben. Für die Planung und Gestaltung der 60 000 Quadratmeter

Die Dorfkirche Alt-Reinickendorf

Die Weiße Stadt/Emmentaler Straße

Garten- und Freiflächen war der Gartendirektor Ludwig Lesser, der auch die Grünanlagen Frohnaus schuf, zuständig.

Das Kernstück der im Stil der Neuen Sachlichkeit errichteten Großsiedlung bildet das als Betonskelettbau von Salvisberg entworfene Brückenhaus über die Aroser Allee.

Die Haus- und Grundrißentwürfe wurden durch Rationalität und Wirtschaftlichkeit bestimmt. Genormte und vorgefertigte Bauelemente wie Betonfertigteile oder auch Fenster- und Türzargen und eine einheitliche Haustiefe von 9,40 Meter ermöglichten eine rentable städtische Siedlung. Die Ausstattung mit einem eigenen Fernheizwerk, zwei Zentralwäschereien, einem Kinderheim, einer Arztpraxis und insgesamt 24 Läden, die sich an städtebaulich dominanten Punkten befanden, verrieten die sozialreformerischen Intentionen der Architekten.

Ludwig Lesser, der Gartenarchitekt, war bestrebt, den Ausdruck der vertikalen Häuserfront in Flächen, Linien und Farben auf die horizontale Gartenfront zu übertragen. Er schuf in den Innenhöfen Einzel- und Gemeinschaftsgärten sowie Spielplätze und Sitzgelegenheiten, die heute allerdings nicht mehr in ihrem ursprünglichen Zustand erhalten sind.

An der Aroser Allee/Ecke Holländerstraße ist auf dem Gelände der ehemaligen Fabrikanlagen der AEG mit dem modernen Bürokomplex »Anthropolis« ein bedeutender Dienstleistungsschwerpunkt geschaffen worden.

Östlich der »Weißen Stadt« schließt sich direkt an der Teichstraße das Gelände mit den Gebäuden des alten Humboldt-Krankenhauses an. Im Jahre 1910 wurde es als Verbandskrankenhaus Reinickendorf auf einem 4,5 Hektar großen Terrain nach den Entwürfen der bekannten Charlottenburger Architekten von Mohr & Weidner errichtet. Die Gemeinde Reinickendorf, die zu diesem Zeitpunkt über 34 000 Einwohner zählte, konnte die Bauten nur mit Unterstützung des Kreises Niederbarnim und im Verbund mit den Nachbargemeinden Tegel, Wittenau und Rosenthal finanzieren. Das Zweckverbandskrankenhaus Reinickendorf zählte 1910 genau 200 Betten und war in mehreren Gebäudekomplexen im Pavillonstil errichtet worden. Neben dem Rudolf-Virchow-Krankenhaus im Wedding gehörte das Humboldt-Krankenhaus vor dem Ersten Weltkrieg zu einer der modernsten Krankenhaus-Anlagen. Es war großzügig von Grünanlagen umgeben und hatte soziale Reformbauten zum Vorbild. Das 1918 in die städtische Verwaltung übergegangene Verbandskrankenhaus wurde während des Dritten Reiches nach dem konservativen Arzt und Standespolitiker Erwin Lieck, der ein neues Arzttum mit einem besonderen Arzt-Patienten-Verhältnis propagierte, in Erwin-Lieck-Krankenhaus umbenannt. Während des Zweiten Weltkrieges war ein zusätzlicher Operationsbunker gebaut worden, der Notoperationen auch während der Fliegerangriffe ermöglichte. Die Bettenzahl des Krankenhauses, dessen Ausbau seit der Mitte der dreißiger Jahre vorangetrieben wurde, betrug Ende der Dreißiger 290. Das Reinickendorfer Krankenhaus überstand den Zweiten Weltkrieg relativ unbeschadet und wurde nach Kriegsende weiter genutzt. Es wurde von 1945 bis 1952 von der französischen Besatzungsmacht beschlagnahmt und in »Hôpital Militaire Louis Pasteur« umbenannt. Später wurde es für die Reinickendorfer Bevölkerung bis 1985 genutzt. In diesem Jahr entstand der Neubau des Humboldt-Krankenhauses in Wittenau, Am Nordgraben. Die verschiedenen Gebäude des Altbaus werden heute unter anderem von Dienststellen der Abteilung Gesundheit und Umweltschutz sowie anderen Abteilungen des Bezirksamtes Reinickendorf und verschiedenen Sozialeinrichtungen genutzt.

In der Nachbarschaft des alten Humboldt-Krankenhauses lohnt auf jeden Fall ein kurzer Besuch des Städtischen Friedhofs Reinickendorf, der über den Lübener Weg zu erreichen ist. Er wurde 1897 wegen des rasanten Bevölkerungswachstums außerhalb der damaligen Landgemeinde angelegt. Wenn man vom Haupteingang an der Humboldtstraße den Promenadenweg, der ursprünglich als Teil des Grünzuges konzipiert war, entlangschreitet, stößt man direkt auf eine von Richard Ermisch 1928 errichtete Pfeilerhalle aus roten Klinkern. In ihr befindet sich ein von Reinhold Begas geschaffener Bronzesarkophag, der für den 1874 verstorbenen Sohn Arthur des »Eisenbahnkönigs« Bethel Henry Strousberg geschaffen wurde. Der Bronzesarkophag, der wegen des finanziellen Ruins erst nach dem Tode Strousbergs im Jahre 1884 anläßlich der Pariser Weltausstellung im Jahre 1900 gegossen werden konnte, stellt den auf dem Sarkophag ruhenden Arthur Strousberg dar, der von einem weiblichen Todesgenius in den Armen gehalten wird. Zwei Putten befinden sich zu seinen Füßen und bekränzen den Toten mit Efeu und Rosen.

Am Ende der Humboldtstraße stößt man auf die Ollenhauerstraße, die ehemalige Berliner Straße, die 1964 – ein Jahr nach seinem Tode – nach dem ehemaligen Bundesvorsitzenden der SPD und langjährigen Bundestagsabgeordneten Erich Ollenhauer (1901–1963) benannt wurde. Die Straße entwickelte sich schon im frühen 19. Jahrhundert unter dem Namen »Dalldorfer Chaussee« als Verbindung zwischen Dalldorf (Wittenau) und Berlin, wenn sie auch niemals die Bedeutung einer Ausfallstraße zwischen Berlin und den nördlichen Vororten erhielt.

Das Karree zwischen Pfahler-, Kienhorst-, Schulenburg- und Waldowstraße ist wegen der zwei von Erwin Gutkind 1927 erbauten Wohnanlagen der Wohnungsbaugesellschaft »Gruppe Nord« sehenswert. Die Anlagen bilden zur Ollenhauerstraße einen offenen Hof, der heute durch einen nachträglich errichteten Supermarkt zum Teil verbaut worden ist. Kennzeichen dieser im Stil der Architektur der Weimarer Republik erbauten Siedlung sind die großflächig verglasten Wintergärten an den Stirnseiten und der auffällige Kontrast zwischen den weiß verputzten Flächen und den Mauern aus roten Ziegelsteinen.

Die Ollenhauerstraße bildet die Grenze zwischen dem alten Reinickendorf (Reinickendorf-Ost) mit der oben beschriebenen historischen Dorfaue und seinen Erweiterungen und Reinickendorf-West, das sich westlich dieser Grenze entlang der Scharnweberstraße bis zum U-Bahnhof Seidelstraße erstreckt und im Norden von der Kremmener Bahn, der heutigen S 25 nach Tegel, begrenzt wird. Die Scharnweberstraße, auf der bereits ab 1672 die Poststrecke von Berlin nach Hamburg verlief, durchquert von Osten nach Westen den südlichen Rand von Reinickendorf-West und mündet in Richtung Stadtzentrum über den Kurt-Schumacher-Platz direkt in die Müllerstraße im Bezirk Wedding. An dem Platz, der heute einen der wichtigsten Verkehrsknotenpunkte der Stadt bildet, erinnert ein Denkmal an den sozialdemokratischen Politiker Kurt Schumacher (1895–1952). Folgt man dem Kurt-Schumacher-Damm etwa 200 bis 300 Meter in Richtung Charlottenburg, erblickt man auf der linken Seite direkt vor dem Eingang der Julius-Leber-Kaserne (ehem. »Quartier Napoléon«) das aus mehreren in einem Quadrat aufgestellten Säulenquadern bestehende Denkmal »Berlin dankt Frankreich«. Das Denkmal wurde von dem bekannten Schweizer Architekten, Bildhauer und Bauhaus-Schüler Max Bill errichtet und am 7. September 1994 zur Verabschiedung der französischen Truppen von den Bezirken Wedding und Reinickendorf – dem ehemaligen französischen Sektor Berlins – der Öffentlichkeit übergeben. Das begehbare Denkmal wurde direkt an der Grenze zwischen den beiden Bezirken an einem symbolischen Ort aufgestellt und besteht aus unterschiedlichen Graniten in den Farbtönen der deutschen Nationalfahne und der französischen Trikolore als Ausdruck der Verbundenheit.

Direkt gegenüber dem Kaserneneingang stehen die zwei- bis dreistöckigen Häuser der 1951 von den französischen Alliierten errichteten »Cité Berthezène«. Im sich in Richtung Kurt-Schumacher-Platz direkt anschließenden »Foyer Berthezène« befanden sich einst ein Einkaufszentrum, eine Buchhandlung, ein Restaurant und Freizeiteinrichtungen für die französischen Soldaten, die als junge Rekruten in Berlin bis 1994 stationiert waren.

Zwischen der Siedlung und dem ehemaligen »Foyer Berthezène« wurde am Kurt-Schumacher-Damm 28 ein Neubau für die »DEKRA e. V.« errichtet. Seit Oktober 1996 werden in vier Prüfhallen Begutachtungen von Bauartveränderungen und die Hauptuntersuchungen für Fahrzeuge durchgeführt. Die Fahrzeugprüfungen finden montags bis donnerstags von 7.30 bis 16 Uhr statt. (Information: Tel. 417 84–0)

In Reinickendorf-West haben sich der südliche Teil der Ollenhauerstraße, der Kurt-Schumacher-Platz und die Scharnweberstraße zu Geschäfts- und Einkaufszentren entwickelt. Direkt am U-Bahn-Ausgang Kurt-Schumacher-Platz befindet sich das Einkaufszentrum »Der Clou« mit Restaurants und Cafés, Lebensmittel- und Bekleidungsgeschäften, Läden, Boutiquen und einem großen Markt für Elektronikgeräte. In der Scharnweberstraße findet man daneben auch Supermärkte, ein kleines Kaufhaus und das größte Buch- und Mediengeschäft im Norden Berlins.

Seit zwei Jahren werden wie in der Residenzstraße regelmäßig Straßenfeste organisiert, die nicht nur die Anwohner, sondern auch Berlinerinnen und Berliner aus anderen Stadtteilen, Besucher aus dem Umland wie auch Touristen anziehen.

Das Bild der Scharnweberstraße und weiterer Viertel in Reinickendorf-West ist seit 1887, als die Berliner Bauordnung auf die Vororte ausgedehnt wurde, durch städtische Miethausbebauung gekennzeichnet. Einige Bauensembles aus dieser Epoche wie z. B. die vom Architekten Paul Freydank von 1903 bis 1906 entworfenen Mietshäuser (Scharnweberstraße 64–66, zwischen Antonienstraße und Eichborndamm) stehen heute unter Denkmalschutz. Durch Abriß, Kriegszerstörungen und Neubau ist der Charakter von Reinickendorf-West stark verändert worden. In dem grundsätzlich angenehmen Wohnbezirk mit vielen Neubaublöcken und renovierten Altbauwohnhäusern machen sich die Nähe zum Flughafen Tegel mit seinen etwa 300 bis 340 Abflügen und Landungen täglich und der damit verbundene Fluglärm negativ bemerkbar.

An der Südseite des Städtischen Friedhofs Reinickendorf, des sich daran anschließenden St.-Sebastian-Friedhofs, des Nazareth-Kirchhofs und des Dankesfriedhofs in der Gotthardstraße 105 wohnte eine einst berühmte, heute vollkommen vergessene Reinickendorferin, Frau Käte Paulus (1868–1935) – Deutschlands erste Fallschirmspringerin.

TEGEL

In einer Informationsdatei im Internet für mögliche Wohnungskäufer oder Investoren wird Tegel, der größte Ortsteil des Bezirkes, wie folgt beschrieben: »Tegel weist in seinem Kerngebiet eine überwiegend geschlossene Bebauung auf, darunter einige sehr hübsche Straßenzüge mit gut renovierten Mietshäusern in Alt-Tegel. Als Wohnlage begehrt sind vor allem die ruhigen, von Kastanien und Linden gesäumten Straßenzüge rund um die Kirche. Zum Wasser hin gibt es einige Hochhäuser, von denen die Mieter einen herrlichen Blick auf den Tegeler See haben. Wahrscheinlich noch reizvoller zum Wohnen: die Stadtvillen und Wohnhauskomplexe am Tegeler Hafen, die architektonisch vorbildlich äußere Gestaltung und Funktionalität verbinden. Der Bereich rund um den U-Bahnhof und entlang der Gorkistraße ist auch als Gewerbestandort (vor allem Einzelhandel und Dienstleistungen) äußerst interessant und soll weiter ausgebaut werden. Hier ist weiterhin eine gemischte

Nutzung vorgesehen. Durch schrittweise Einbeziehung des südlich gelegenen Borsiggeländes sollen bis Ende der neunziger Jahre in Tegel ca. 150 000 Quadratmeter Dienstleistungsflächen mit einem hohen Büroanteil entstehen. Auch der Bau von Wohnungen ist im Gespräch.« (Quelle: Berlin Real Estate, Reinickendorf, Internet: www.three-point.de/immobilien/m/rein.html, S. 7)

Wenn man heute als Berlinerin oder Berliner an Tegel denkt, so fallen einem spontan mindestens drei Dinge ein: die Gebrüder von Humboldt und das Schloß Tegel; der Tegeler See und die Havel mit ihren Dampferanlegestellen; der Flughafen Tegel (korrekte Bezeichnung: Flughafen »Otto Lilienthal«).

Das Schloß Tegel ist im kulturhistorischen und baugeschichtlichen Sinne die Hauptattraktion des Bezirkes Reinickendorf. Um die Entstehungsgeschichte und Bedeutung dieses Schlosses darzustellen, lohnt an dieser Stelle ein kurzer historischer Exkurs. Den Ursprung bildete ein Weingut zur Versorgung der kurfürstlichen Hofhaltung, das nach 1558 von Kurfürst Joachim II. nördlich der mittelalterlichen Wassermühle von Tegel errichtet wurde. Erster Besitzer war der kurfürstliche Geheime Sekretarius Hans Bredtschneider, der auch Bürgermeister von Cölln an der Spree wurde. Nach mehreren Besitzerwechseln kam das Gut gegen Ende des 17. Jahrhunderts in kurfürstlichen Besitz. Zur Repräsentation seiner Landesmacht ließ der Kurfürst Friedrich Wilhelm das Landhaus zu einem Jagdschloß, den Vorgängerbau des heutigen Schlosses, umgestalten. 1766 kamen das Jagdschloß und die dazugehörigen Ländereien und Inseln des Tegeler Sees in den Besitz der Familie von Humboldt. Aus der im selben Jahr geschlossenen Ehe Alexander Georg von Humboldts mit Marie Elisabeth von Holwede, der Witwe des letzten Gutsbesitzers, gingen die beiden berühmten Söhne Alexander und Wilhelm von Humboldt hervor, die dort ihre Kindheit verbrachten. 1803 wurde Wilhelm von Humboldt durch Erbteilung alleiniger Besitzer und ließ sich nach seiner Entlassung aus dem Staatsdienst am 31. Dezember 1819 endgültig in Tegel nieder. Das Tegeler Schloß wurde zum Treffpunkt der geistigen Elite.

Zwischen 1820 und 1824 wurde das Jagdschloß von Schinkel unter gewünschter Erhaltung eines Teils des alten Gebäudes umgebaut und erhielt seine heutige Form einer klassizistischen Villa von herausragender künstlerischer Qualität. Er fügte dem Landhaus vier Türme hinzu, die von Reliefs antiker Windgötter aus der Werkstatt von Daniel Rauch nach Vorbildern des »Turms der Winde« in Athen geschmückt sind.

Das Tegeler Schloß liegt in der Adelheidallee 19–21 und befindet sich heute im Privatbesitz der Nachfahren der von Humboldts, die einen Teil des Schlosses bewohnen. Im Innern des Schlosses findet man im Erdgeschoß – neben dem von Schinkel einfach und klar gegliederten Vestibül, der Eingangshalle mit einer sehr schön gemalten Kassettendecke, zwei dorischen Säulen, Sitznischen, Abgüssen antiker Reliefs und einem antiken Pozzo aus dem 2. Jahrhundert n. Chr. – das Arbeitszimmer und die Bibliothek Wilhelm von Humboldts. Im Obergeschoß kann man den Blauen Salon, den Antikensaal, das Blaue und das Grüne Turmkabinett mit Bildreliefs und Bildnissen der Humboldt-Familie, dazu Marmorsäulen, Skulpturen, Abgüsse und antike Originale, die Wilhelm von Humboldt während seiner Zeit als Botschafter von Rom erworben hatte, auch heute noch bewundern.

Das Schloß kann zwischen dem 1. Mai und dem 30. September jeweils am Montag von 10 bis 12 und von 15 bis 17 Uhr mit einer Führung jede Stunde besichtigt werden. Vom 1. Oktober bis zum 30. April bleibt das Schloß geschlossen.

Nach der Besichtigung des Schlosses lohnt ein Rundgang durch den Schloßpark. Zu den Sehenswürdigkeiten, die die Besonderheit dieses Parkes ausmachen, zählen eine von altem Baumbestand umgrenzte Rasenfläche, in deren Mitte sich eine mehrere Jahrhunderte alte Eiche, die sogenannte »Humboldt-Eiche«, befindet, und die sich südlich anschließende Lindenallee von 1792, die direkt auf die Grabstätte der Familie von Humboldt führt. Die Grabanlage, in der Alexander und Wilhelm von Humboldt und ihre Nachfahren begraben liegen, wurde ebenfalls von Schinkel entworfen. Die Mitte der Anlage wird von einer ionischen Porphyrsäule mit einer Statue der Hoffnung (lat. »spes«) des dänischen Bildhauers Thorvaldsen (1831) geziert. Die Grabstätte ist während ihrer Entstehung im Jahre 1829 nach dem Tode von Karoline von Humboldt, der Frau Wilhelm von Humboldts, so plaziert worden, daß man sie vom Schloß aus am Ende der heutigen Rasenfläche sehen kann. Oberhalb der Humboldt-Grabstätte befindet sich das Grab des Botanikers und Erziehers der Brüder Humboldt, Gottlob Johann Christian Kunth (1757–1829), der nach seinem Eintritt in den preußischen Staatsdienst in Zusammenarbeit mit Freiherr von Stein die Grundlagen für eine moderne Gewerbepolitik im damaligen Preußen schuf. Seit 1993 steht in der Gabrielenstraße an der Zufahrt zum Schloß ein Gedenkstein für Kunth.

Zum Gut und Schloß Tegel gehörte seit 1752 (erste urkundliche Erwähnung) der »Neue Krug«, der den Berlinern später als Gaststätte »Alter Fritz« bekannt geworden ist. Johann Wolfgang Goethe kehrte dort am 20.5.1778 ein und erfuhr von einer Spukgeschichte, die sich in der Tegeler Försterei zugetragen haben soll. Der große Dichter erwähnte diese Begebenheit im »Faust« (4160 f.) in der Walpurgisnacht: »Das Teufelspack, es fragt nach keiner Regel. Wir sind so klug, und dennoch spukt's in Tegel.«

Eine Anfang des 19. Jahrhunderts dem Gasthaus hinzugefügte Vorlaube, an der die Kutschen halten konnten, wurde 1934 wieder abgerissen. Heute befindet sich dort in der Karolinen-/Ecke Heiligenseestraße das »Brauhaus Johann Albrecht« mit einem Innenhof und Biergarten. An lauen Sommertagen lohnt sich ein Ausflug zu dem Gasthaus, in dem man zu seinen Speisen selbstgebrautes Bier trinken kann.

Direkt gegenüber des »Alten Fritz« lag in einem 1770 errichteten Kolonistenhaus die »Waldschänke«, die 1995 wegen Baufälligkeit abgerissen wurde, jedoch nach historischem Vorbild aus Originalteilen, die noch verwendbar sind, wieder neu entsteht.

Eine Besichtigung von Alt-Tegel sollte man nicht versäumen. Mit der U-Bahn-Linie 6 fährt man direkt dorthin. Vom U-Bahn-Ausgang folgt man der Straße Alt-Tegel bis zur Greenwichpromenade. An die dörfliche Vergangenheit des heute mit 33,7 Quadratkilometern größten Ortsteils Reinickendorfs erinnert nur noch wenig. Direkt an der U-Bahn jedoch steht auf dem Grundstück Nr. 2 das »Gasthaus und Logis zur U-Bahn« aus der zweiten Hälfte des 19. Jahrhunderts. Ebenfalls historische Gebäude sind das Haus Nr. 9, das um 1879 entstand, die beiden Schulgebäude Nr. 35 und 37 aus der Mitte des 19. Jahrhunderts und das Haus Nr. 51 aus dem Jahre 1835, in dem früher die Lehnschulzen Friedrich und August Ziekow wohnten. Die Dorfkirche befindet sich im Kern des alten Dorfes. Sie wurde als gedrungener Backsteinbau von Jürgen Dröger im Jahre 1912 errichtet und ersetzt seitdem die ein Jahr zuvor abgerissene Steinkirche von 1756.

Vom alten Dorfkern aus erreicht man bereits nach wenigen Schritten – vorbei an den »Seeterrassen« – die Greenwichpromenade, an der sich die Dampferanlegestellen befinden.

In Alt-Tegel findet im gesamten Bereich vom U-Bahnhof bis zu den Dampferanlegestellen seit Jahren – im Rahmen des Programms des Reinickendorfer Sommers, in dem vom Bezirksamt Reinickendorf mehrere kulturelle Veranstaltungen durchgeführt werden – an einem Wochenende im August ein großes Straßenfest statt.

Heute wie vor über hundert Jahren nach dem Anschluß Tegels durch die Pferde-Eisenbahn nach 1881 strömen am Wochenende Berliner Ausflügler, Touristen und Besucher aus dem Umland ins Grüne. Am Ende von Alt-Tegel, etwa 100 Meter vom Tegeler See entfernt, stehen während der Saison Hinweisschilder oder Mitarbeiterinnen bzw. Mitarbeiter der einzelnen Schiffsreedereien, die auf die Rundfahrten über den Tegeler See zur Havel aufmerksam machen.

Der Tegeler See ist vier Kilometer lang, einen Kilometer breit und durchschnittlich knapp acht Meter tief. Er wird hauptsächlich durch das Tegeler Fließ mit einem Einzugsgebiet von 100 Quadratkilometern im Kreis Niederbarnim, den Nordgraben – einem Entwässerungsgraben, der die Panke in der Nähe des S-Bahnhofs Blankenburg mit dem Tegeler See verbindet –, dem Packereigraben – einem Nebenlauf des Nordgrabens –, und dem Schwarzen Graben – einem heute vollständig kanalisierten Abflußsystem, das vom Schäfersee über den Kienhorstpark in den See führt – gespeist.

Der Tegeler See gehört zu den schönsten Seen Berlins und hat Tegel zu seiner Beliebtheit verholfen. Die Wald- und Seenlandschaft Reinickendorfs, die insgesamt beinahe ein Drittel der Bezirksfläche ausmachen, haben ihm den Beinamen »Der Grüne Norden« gegeben. Gottfried Kellers Gedicht »Am Tegelsee« zeigt, daß die Reize der Tegeler Landschaft schon im vorigen Jahrhundert von Fremden erkannt wurden.

Ursprünglich existierte die Greenwichpromenade noch nicht, und das Wasser des Sees reichte bis an die Bauerngrundstücke, die heute

Folgende Fahrten werden von den Reedereien Bethke, Stern und Kreisschiffahrt, Triebler und Winkler angeboten:

Reederei Bethke (Tel. 434 12 95)

- Rundfahrt nach Oranienburg zum Lehnitzsee (5 Stunden) über Spandau, Tegelort, Hennigsdorf, Hohenschöpping (mit Mittagstisch);
- Rundfahrt über die Oberhavel bis Hennigsdorf (2 Stunden) über Saatwinkel, Hakenfelde, Tegelort, Heiligensee, den Nieder-Neuendorfer See in den Oberhavelkanal (Hafen); Unterbrechungsmöglichkeit in Heiligensee »Haus Dannenberg« und Tegelort Restaurant »Zum Igel«;
- Rundfahrt über die Oberhavel bis zum Nieder-Neuendorfer See (2 Stunden), Unterbrechungsmöglichkeit in Alt-Heiligensee »Haus Dannenberg« oder Tegelort Restaurant »Zum Igel«;
- Fahrt durch die Wustermark nach Paretz (1 Stunde Aufenthalt);
- Rundfahrt durch die Stolper Heide mit Leierkastenmusik;
- Verschiedene Sonderfahrten wie Bus- und Schiffsfahrt zum Schiffshebewerk Niederfinow, Sonntags-Brunch-Büfett-Fahrt, Super-Grillparty oder Sommernachtstraum.

Stern und Kreisschiffahrt (Tel. 53 63 60–0)

- Rundfahrt nach Oranienburg/Lehnitzsee;
- Oberhavelseen-Rundfahrt nach Alt-Heiligensee und zurück (2 Stunden) mit den Schiffen »Havel Queen« und »Moby Dick«;
- Tanz auf dem See auf der »Havel Queen« jeden Samstag abend;
- Tanztee ab Tegel an Sonn- und Feiertagen.

Reederei Triebler (Tel. 331 54 14/371 16 71)

- Historische Stadtrundfahrt über den Hohenzollernkanal, Westhafen, Hansaviertel, Schloß Bellevue, Reichstag, Dom, Museumsinsel, Palast der Republik, Nikolaiviertel;
- Große 7-Seen-Rundfahrt zur Pfaueninsel über Tegeler See, Hohenzollernkanal, Schleuse Plötzensee, Westhafenkanal, Charlottenburger Schleuse, Spree, Spandau.

Reederei Winkler (Tel. 391 70 10)

- Rundfahrt zum Lehnitzsee (4 Stunden), Seniorenermäßigung jeden Montag;
- Oberhavel-Rundfahrt mit Unterbrechungen in Heiligensee, Konradshöhe und Tegelort.

noch durch die Zaunreihe oder Mauer von der Uferpromenade abgetrennt werden. Das Ufer des Tegeler Sees war einst mit Schilf bewachsen und mit Wasservögeln belebt, und auf dem Schwemmland, das im Laufe der Zeit angespült worden war, weideten die Tegeler Kühe. Ein 20 Meter breiter Uferstreifen war schon vor der Jahrhundertwende als kurzer Weg befestigt worden und bildete den Anfang der Strandpromenade. Die erste Erweiterung erfolgte 1909 durch Sand, der beim Bau des zweiten Gasometers der Berliner Gasanstalt ausgehoben worden war. Doch mußten die Arbeiten an der Promenade unterbrochen werden, weil die Anlieger des Tegeler Sees Restitutionsklage dagegen erhoben hatten, daß der befestigte Uferstreifen als öffentlicher Weg erklärt worden war. So bestand die alte Strandpromenade nur etwa bis zur Hälfte ihrer jetzigen Länge von der Hafenbrücke an und konnte erst 1911 nach Abweisung der Klage zu ihrer gesamten Länge ausgebaut und auf 80 Meter verbreitert werden.

Die Greenwichpromenade trägt den Namen des Londoner Partnerbezirkes Reinickendorfs. Direkt am Zugang von Alt-Tegel symbolisiert eine Alt-Londoner Telefonzelle die freundschaftlichen Kontakte. Am südlichen Ende der Promenade befinden sich auf einer steinernen Plattform zwei von Greenwich geschenkte Kanonen.

Dort, wo die Greenwichpromenade in den Borsigdamm mündet, steht heute, hinter den Bäumen versteckt, ein im Jahre 1956 errichteter Schmuckbogen, auf dem mehrere Mosaike, die aus dem Trümmerschutt des Zweiten Weltkrieges hergestellt wurden, die Sport- und Erholungsmöglichkeiten am Tegeler See darstellen.

Von der anderen Seite der Greenwichpromenade gelangt man vorbei an den von 1963 bis 1967 von Heinz Schnudnagies errichteten neun- und 16geschossigen Wohnhäusern zur Sechserbrücke, die über die Einfahrt zum Tegeler Hafen und die Mündung des Tegeler Fließes führt. Eine Ende der achtziger Jahre an der Buddestraße errichtete Phosphat-Eliminierungsanlage sorgt dafür, daß heute das Wasser des in den Tegeler Hafen mündenden Nordgrabens und das Fließwasser von Phosphaten, die in der Vergangenheit zu einem vermehrten Algenwachstum im Tegeler See führten, gereinigt ist. Der Name »Sechserbrücke« der 1909 errichteten Konstruktion erinnert daran, daß man hier einst einen »Sechser« (5 Pfennige) Brückenzoll entrichten mußte. Von der Sechserbrücke aus kann man Spaziergänge um den großen Malchsee herum unternehmen, an dem sich das von den französischen Alliierten errichtete Restaurant »Pavillon du Lac« (zur Zeit geschlossen) befindet. Es geht sich gut entweder teilweise am Wasser entlang und teilweise durch den Wald in Richtung des Freibades Tegelsee und Tegelort oder vom großen Malchsee in nordwestlicher Richtung direkt durch den Wald nach Heiligensee. Man kann dabei den südlichen Teil des Tegeler Forstes durchwandern, der sich mit 2000 Hektar Baumbestand (60 Prozent märkische Kiefern, Buchen, Laubmischwald) westlich und nördlich des Tegeler Sees erstreckt. Trotz des beständigen Näherrückens der Zivilisation durch neue Wohn-, Geschäfts- und Dienstleistungsgebäude, durch Straßen- und Parkplatzbauten bietet der Tegeler Forst als Erholungsgebiet mit zahlreichen Wanderwegen, einigen Trimmpfaden, mehreren Kinderspielplätzen, mit Reitwegen und Hundeauslaufgebieten, Schutzhütten und Ruhebänken den Besucherinnen und Besuchern aller Altersklassen eine Vielzahl von Möglichkeiten, hier ihre Freizeit zu verbringen.

Auf der sich an die Große Malche anschließenden Halbinsel Reiherwerder befindet sich die Villa Borsig. Die Halbinsel entstand erst um die Jahrhundertwende aus zwei natürlichen Inseln, die Ernst von Borsig, ein Enkelsohn des Firmengründers August Borsig, im Jahre 1898 gekauft hatte und der den See zwischen den beiden Inseln und von der einen Insel zum Ufer zuschütten ließ. Die auf diesem gewonnenen Gelände von den Architekten Eugen Schmohl und Alfred Salinger um 1910 errichtete Villa hat den Charakter eines schloßartigen Landhauses. Vom Stil her ist die Villa mit barocken Elementen verziert, und die gewölbte Dachkuppel über dem halbrunden Eingang erinnert mit den seitlich angefügten Arkaden an die des Schlosses Sanssouci in Potsdam. Um das Haus wurde von Borsig ein großzügiger Park mit teilweise exotischen Pflanzen angelegt. Die Villa wurde bis 1933 von Borsig genutzt und ging 1937 in den Besitz des Reichsfinanzministeriums über. Nach 1945 wurde die Villa die Residenz des Oberkommandierenden der französischen Truppen in Deutschland und dann Sitz des Hohen Kommissars François-Ponçet, danach Gästehaus der Stadt Berlin und der Bundesrepublik und schließlich ab 1959 Sitz der Deutschen Stiftung für Internationale Entwicklung. Nach dem Mauerfall und Beschluß, daß Berlin die künftige Bundeshauptstadt sei, war die Villa für eine kurze Zeit als Residenz des Bundeskanzlers im Gespräch. Die Villa Borsig und ihr Park sind nicht öffentlich zugänglich. Eine Möglichkeit zur Besichtigung des Geländes besteht lediglich an einem Wochenende im Juni, an dem vom Kunstamt Reinickendorf direkt vor der Villa Borsig das alljährliche Open-air-Konzert – die »Serenade am See« – veranstaltet wird.

Neben der Halbinsel Reiherwerder zählen zu den Inseln des Tegeler Sees noch Hasselwerder, Lindwerder, Reiswerder, Baumwerder, Maienwerder, Valentinswerder und die bekannteste unter ihnen, die Insel Scharfenberg.

1777 gingen die Inseln Scharfenberg und Baumwerder in den Besitz der von Humboldts über. 1831 erhielt Wilhelm von Humboldts Kammerdiener Sandrock sie in Erbpacht, der sie bald an den Landwirt Krause verkaufte. 1867 kaufte der Botaniker Dr. Carl Bolle die Inseln, der sich nach seinen Studienreisen zu den Kapverdischen und Kanarischen Inseln hier niederließ. Er pflanzte 752 ausländische Gehölze an. Sein Inselfrieden wurde durch die Geschosse des Tegeler Schießplatzes (heute der Flughafen Tegel) gestört, so daß er die Insel, auf der nach seinem Tode 1909 ein Erinnerungsstein errichtet wurde, zeitweilig verlassen mußte. 1922 wurde die Schulfarm Scharfenberg, zunächst eine Sommerschule im Wohnhaus von Bolle, als reformpädagogische Schule eingerichtet. Der Gründungsvater war der Lehrer Wilhelm Blume. Erstmalig wurden Kern- und Kursunterricht anstelle von Unterricht vor dem Klassenverband erprobt, und die Schüler, die bei wichtigen Entscheidungen gleichberechtigt in der Vollversammlung der Schulfarm waren, erlernten hier auch Handwerke und die Arbeit in der Landwirtschaft. 1931 gründete der Reinickendorfer Widerstandskämpfer Hans Coppi auf der Schulfarm eine Zelle des kommunistischen Jugendverbandes, der sich auch seine Freunde Hans Lautenschläger, Hermann Natterrodt, Heinrich Scheel und andere anschlossen. Hans Coppi und seine Frau Hilde wurden neben anderen Freunden als Mitglieder der Widerstandsgruppe »Rote Kapelle« 1942 und 1943 hingerichtet. Heute befindet sich eine Gedenktafel auf Scharfenberg, die an Hans Coppi erinnert. Nachdem die Schulfarm 1933 gleichgeschaltet war, wurde nach 1945 der Schulbetrieb wieder aufgenommen. Sie leistete Vorarbeit bei der Einführung der gymnasialen Oberstufenreform. Heute befindet sich ein Gymnasium und Internat auf der Insel.

Direkt am östlichen Ausgang des U-Bahnhofs Alt-Tegel, schräg gegenüber von Alt-Tegel selbst, erstreckt sich über die Fußgängerzone Gorkistraße und die angrenzenden Straßen zwischen der Berliner Straße und dem S-Bahnhof Tegel das Haupteinkaufszentrum Tegels, Tegel-Center mit größeren und kleineren Geschäften, einem Kaufhaus, einem großen überdachten Markt, Lebensmittelsupermärkten, einem Möbelladen, einem großen Baumarkt und einem mehrstöckigen Parkhaus (Zufahrt: Bernstorff-/Ecke Buddestraße), in dem man die erste Stunde, sofern man etwas in einem Laden des Tegel-Centers einkauft, keine Parkgebühren bezahlen muß.

Eine beinahe vergessene und nicht mehr vollständig erhaltene Kuriosität des 1970 erbauten Tegel-Centers ist das über den Markt im Innenhof zu erreichende Straßenmöbelmuseum mit Original-Sandsteinfragmenten des Ephraim-Palais, Wasserpumpen und Brückengeländer aus dem alten Berlin und einem noch vollständig erhaltenen Pissoir.

Im Tegel-Center befinden sich in der Buddestraße 21 (nur von der Gorkistraße aus zu erreichen) das Kunstamt Reinickendorf mit seiner Verwaltung und die Graphothek Berlin, bei der man gegen ein geringes Entgelt Originalbilder und Graphiken ausleihen kann. In dem mehrgeschossigen Bürogebäude des Tegel-Centers (Eingang Buddestraße 21) findet man die Volkshochschule Reinickendorf, das Amt VII der Abteilung Jugend und Schule mit Schulamt, Schulplanung, Organisation und Verwaltung und die Musikschule Reinickendorf.

Am Tegeler Hafen, wo einst bis zu 20 Lastkähne ihre Ladung löschten, erstrecken sich heute 352 um ein Wasserbecken mit einer künstlichen Insel geschaffene, moderne, mit individuellen Zügen ausgestattete Wohnungen in zwei- bis siebengeschossigen Wohnhäusern, die als Projekt der Internationalen Bauausstellung 1984/87 »Wohnen, Freizeit, Kultur am Tegeler Hafen« errichtet wurden.

Als besondere architektonische Leistung fällt einem direkt an der Karolinenstraße die Humboldt-Bibliothek, die Zentralbibliothek des Bezirkes Reinickendorf, auf. Sie wurde als einziges Gebäude eines geplanten »Kulturzentrums Tegeler Hafen« nach den Entwürfen des berühmten amerikanischen Architekten Charles Moore für 21 Mio. DM im Dezember 1988 fertiggestellt. Weitere Gebäude für kulturelle Zwecke, die für die Insel vorgesehen waren, konnten wegen der knappen Haushaltsmittel nicht mehr errichtet werden.

Die Humboldt-Bibliothek wurde als ein mit besonderen architektonischen Elementen ausgestatteter, von einem mit Holzpaneel versehenen Tonnengewölbe überdachter rechteckiger Längsbau mit einer Hauptnutzungsfläche von 2820 Quadratmetern errichtet. Die besondere Konzeption dieses im Inneren als große offene Halle errichteten Gebäudes zeichnet sich dadurch aus, daß die Zentralbücherei zugleich ein Ort kultureller Begegnung ist. Neben der Buch- und Medienausleihe werden die Räumlichkeiten regelmäßig auch für literarische Veranstaltungen und Lesungen, für Musikkonzerte und Matinees sowie für Ausstellungen genutzt.

An der Grenze zwischen Tegel und Waidmannslust, mit dem Bus 222 über den Waidmannsluster Damm von Alt-Tegel aus zu erreichen, liegt die Freie Scholle, eine Siedlung, deren Architektur der Rationalisierung und Sachlichkeit nur wenige Gestaltungselemente aufweist.

Die Freie Scholle wurde am 17. September 1895 mit dem Ziel gegründet, »dem kapitallosen Arbeiter die Vorteile der Kapital besitzenden Mitbürger zu verschaffen, ihm ein freundliches, unkündbares Heim und eine wohlfeile Hauswirtschaft zu sichern.« (Wietholz, S. 384 ff.) Prominentester Gründungsvater war der Sozialreformer Gustav Lilienthal, Bruder des Flugpioniers Otto Lilienthal. Er wollte die Arbeiter aus ihrem Wohnungselend befreien. Über den Grunderwerb und den Wohnungsbau hinaus sollte an die Siedlung eine Produktionsgenossenschaft angegliedert werden, daneben waren ein Kindergarten und eine Schule vorgesehen. Ein Konsumverein sollte die Versorgung der Bewohner sichern. In einem Gemeinschaftshaus sollten Feiern und Festlichkeiten durchgeführt werden. Trotz aller Schwierigkeiten, die die Gemeinde Tegel dem Vorhaben bereitet hatte, und der Ablehnung der Sozialisten, die aus den klassenbewußten Arbeitern durch Privateigentum an Häusern keine Kleinbürger machen wollten, wurden im Jahre 1900 die ersten vier Wohnungen mit Mietergärten fertiggestellt. Das Konzept einer vollständig unabhängigen Arbeitersiedlung scheiterte am Geldmangel. Staatliche Kredite, die der Genossenschaft vor dem Ersten Weltkrieg zur Verfügung gestellt wurden, waren an die Bedingung geknüpft, daß zu etwa einem Drittel auch Beamte in die Siedlung, die dann später von der

Das Schloß Tegel

Die Humboldt-Bibliothek

»Gehag« übernommen wurde, einzogen. Bruno Taut betrieb von 1924 bis 1931 den weiteren Ausbau der Siedlung, dessen Kernstück und gesellschaftliches Zentrum der Schollenhof (1927–29) bildet.

Bis heute hat sich als Tradition des genossenschaftlichen Gedankens das alljährliche Schollenfest erhalten, das jeweils im September stattfindet. Es beginnt an einem Sonnabend mit einem Umzug, der jeweils unter einem bestimmten Motto steht. Direkt am Waidmannsluster Damm wird während der Woche des Schollenfestes aus diesem Anlaß auf einer Wiese zwischen der Freien Scholle und dem Steinbergpark ein kleiner Rummel veranstaltet.

Die Berliner Straße bildet die Verbindung zwischen Alt-Tegel, dem Geschäftszentrum, den Wohnvierteln mit mehrstöckigen Geschoßwohnungsbauten, die sich westlich des S-Bahnhofs Tegel über die Brunow-, Schließer- und Veitstraße bis zum Eisenhammerweg erstrecken, und dem dem Berliner Zentrum. Folgt man dieser Straße von Alt-Tegel einige hundert Meter oder über die Länge einer U-Bahnstation, stößt man in südöstlicher Richtung zwischen der Veit- und Egellstraße auf ein ehemaliges Industrieareal, auf dem sich ab 1898 die Borsigwerke befanden. Nach der Errichtung der Werke in Tegel auf einem 100 Morgen umfassenden Terrain wurde die alte Fabrik in Moabit geschlossen. Bereits 1902 wurde in Tegel die 5000ste Lokomotive von Borsig, nach dessen Ansiedlung die Industrialisierung des Bezirkes begann, produziert.

Heute erinnern außer dem Namen der U-Bahnstation verschiedene Bauten an die ehemaligen Werke in denen Lokomotiven, Druckkessel, Dampfpflüge und Schlepper, chemische Anlagen, Kessel, Dampfmaschinen, Pumpen, Kompressoren und Kältemaschinen und während der Weltkriege auch Waffen- und Rüstungsmaterialien produziert worden waren.

Direkt an der Berliner Straße befindet sich am ehemaligen Haupteingang der Werke das unter Denkmalschutz stehende Eingangstor. Das von den Architekten Reimer und Körte in burgartigem Stil mit zwei Rundtürmen aus Backstein und einem zinnenbekrönten Torbogen errichtete Portal ist heute zu einem Wahrzeichen des Bezirkes geworden; ebenso der 1922 bis 1924 von Eugen Schmohl errichtete Büroturm, der einst das erste Hochhaus Berlins gewesen war und heute ebenfalls unter Denkmalschutz steht.

Dort, wo die Enkel August Borsigs, dem Begründer der Borsigwerke in Moabit, eine der modernsten Fabriken Europas errichtet hatten, soll im Jahre 1997 das Gründerzentrum »Phönix« eröffnen. In dem neu errichteten Klinkerbau mit 10 000 Quadratmetern können sich 50 Existenzgründer ansiedeln, wodurch 200 Arbeitsplätze entstehen. Der Eigentümer des Geländes, die Firma Herlitz-Falkenhöh, wird durch Bundesfördermittel zu günstigen Preisen Gewerberäume an Firmen vermietet. Im Mietpreis einbegriffen ist ein Betreuungspaket des Investors für die Existenzgründer und ein Training für die Verkäufer neuer Produkte, die durch Marktanalysen und mit Hilfestellungen von Herlitz erschlossen werden. Neben dem Gründerzentrum sollen auf dem ehemaligen Fabrikgelände ein Gewerbekomplex, ein Hotel, Büros und Wohnungen entstehen.

Südlich des ehemaligen Borsiggeländes, vom U-Bahnhof Holzhauser Straße in einigen Gehminuten zu erreichen, liegt an der Wittestraße 37 inmitten von Gewerbe- und Industriebauten der 1893/94 angelegte Friedhof der Russisch-orthodoxen Gemeinde Berlins.

Bei der Anlage des Friedhofs wurden 4000 Tonnen russische Erde aufgeschüttet, um die Toten nach russisch-orthodoxen Vorstellungen in ihrer Heimaterde zu bestatten. Im Zentrum des Friedhofs, der am Tage besucht werden kann, steht die St.-Konstantin-und-Helena-Kirche, die von dem Hofbaumeister Albert Bohm als Zentralbau mit einer achteckigen, heute blau angestrichenen Kuppel errichtet wurde und der Basiliuskathedrale vor den Kremlmauern am Roten Platz in Moskau nachempfunden ist. Die prachtvolle Ausstattung des Inneren der Kirche hat sich ebenfalls bis heute erhalten. Neben den Ikonen der Kirchenheiligen Konstantin und Helena befinden sich in der Kirche noch weitere Ikonen des St. Petersburger Malers Rapoppow und zwei freistehende Ikonen, die als Geschenke der Mönche Parfenij und Penasij vom heiligen Berg Athos nach Reinickendorf gebracht wurden. Auf dem Friedhof, auf dem für den russischen Komponisten Michail Iwanowitsch Glinka eine Ehrengrabstelle eingerichtet wurde, liegen viele berühmte Persönlichkeiten wie der russische Kriegsminister Wladimir Alexandrowitsch Suchomlinow oder Michail Ossipowitsch Eisenstein, der Vater des berühmten Film- und Theaterregisseurs Sergej Eisenstein, aber auch zahlreiche Vertreter des russischen Hochadels wie z. B. der Fürst Feodor Sergejewitsch Golizyn (1850–1919), der unter Zar Nikolaus II. einer der reichsten Grundbesitzer Rußlands gewesen war und aus einem uralten Bojarengeschlecht stammte, begraben. Bis 1975 befand sich direkt gegenüber dem Friedhofseingang, der 1896 als Glockenportal errichtet wurde und auch heute noch bestaunt werden kann, das Kaiser-Alexander-Heim, eine Zufluchtsstätte für aus ihrer Heimat vertriebene russische Emigranten, in dem auch um die Jahrhundertwende ein Museum für Russische Geschichte im Ausland untergebracht war. Das Gebäude, ein Kulturdenkmal besonderen Ranges, wurde 1975 abgerissen und mußte der Industrieansiedlung und den Gewerbegebäuden weichen.

Unmittelbar gegenüber dem U-Bahnhof Holzhauser Straße an der Seidelstraße, der südlichen Fortsetzung der Berliner Straße, liegt die 1898 errichtete Justizvollzugsanstalt Tegel. Der alte Gebäudekomplex bestand ursprünglich nur aus drei Zellengebäuden, die parallel zueinander gebaut worden waren. Die jeweils vier Zellentrakte der einzelnen Gebäudeteile verliefen sternförmig von einem Zentrum aus, von dem man alle vier Gänge beobachten konnte. Die Gebäude wurden aus rotem Backstein gebaut und sind einem Gefängnis, das erstmalig in den USA im Bundesstaat Pennsylvania errichtet worden war, nachempfunden. Neben den Zellen existierten und existieren zum Teil bis heute Wohnhäuser für das Aufsichtspersonal, ein Koch- und Backhaus sowie ein Wasch- und Badehaus. In der bis heute um zahlreiche Gebäude und neue Zellentrakte erweiterten Justizvollzugsanstalt waren einst 1600 Gefangene untergebracht. Nach 1933 wurde eine große Zahl von Mitgliedern der KPD und SPD eingeliefert. In Tegel befand sich während der NS-Zeit das Wehrmachtsuntersuchungsgefängnis. Nach dem 20. Juli 1944 waren zahlreiche Angehörige des Widerstands in Tegel inhaftiert. Zu den prominentesten Vertretern gehörten Pfarrer Delp, Domprobst Bernhard Lichtenberg, James Graf von Moltke und Dietrich Bonhoeffer.

Damals wie heute werden von den ausschließlich männlichen Strafgefangenen in zahlreichen Werkstätten unter anderem Möbel und Büroeinrichtungen hergestellt. In der eigenen Druckerei werden z. B. Formulare, Broschüren und sonstige Druckerzeugnisse für den öffentlichen Dienst des Landes Berlin produziert.

Südlich der Justizvollzugsanstalt, von der Seidelstraße aus über die »Avenue Jean Mermoz« zu erreichen, erstreckt sich die »Cité Guynemer«.

Sie ist 1954 für das Personal der französischen Luftwaffe, der »Base aérienne 165«, im ehemaligen französischen Sektor Berlins errichtet worden. Wie auch andernorts sind hier die Spuren der französischen Streitkräfte im Bezirk Reinickendorf, die zusammen mit den anderen Alliierten Berlin im Herbst 1994 verlassen haben, noch zu sehen. Die Siedlung erkennt man heute noch an den blauen Straßenschildern mit den französischen Straßennamen wie »Rue d. Capitaine Jean-M. Maridor«, »Rue Marin la Meslée« oder »Avenue St. Exupéry«. Die Siedlung besteht aus Ein- und Zweifamilienhäusern und kleineren Mietwohnhäusern. Die »Cité Guynemer« schließt sich direkt an den älteren militärischen und später auch für Zivilflüge genutzten Teil des Flughafens Tegel an, der auf dem Terrain des französischen Sektors in wenigen Monaten während der Berliner Blockade 1948 errichtet worden war. Die Wohnungen und Einfamilienhäuser sind in das Bundesvermögen übergegangen und werden, soweit sie nicht vermietet sind, für Bundesbeamte freigehalten. Auf dem ehemals militärischen Teil des Flughafens Tegel ist heute eine Flugbereitschaftsstaffel der Bundeswehr stationiert.

Westlich, direkt hinter der Siedlung, liegt der Flughafensee, der durch die Ausbeutung einer Kiesgrube zwischen 1953 und 1978 entstanden ist. Seine Ufer- und Wasservegetation steht unter Naturschutz, und an seiner östlichen Seite befindet sich ein Vogelschutzreservat.

Direkt gegenüber dem militärischen Teil des Flughafens befindet sich der für den Zivilflugverkehr genutzte innerstädtische Flughafen Tegel »Otto Lilienthal«. Zum Abfertigungsterminal fahren die Busse 128 vom U-Bahnhof Osloer Straße über U-Bahnhof Kurt-Schumacher-Platz, 109 vom Zoologischen Garten und X9 als Expreßlinie über U- + S-Bahnhof Zoo und U-Bahnhof Jakob-Kaiser-Platz. Mit dem Taxi oder Auto kann man den Flughafen von der Stadtautobahn über den Zubringer, der über die General-Ganeval-Brücke den Hohenzollernkanal überquert, bzw. über den Saatwinkler Damm erreichen. Das Flughafengebäude wurde nach Plänen von Meinhard von Gerkan, Volkwin Marg und Klaus Nickels von 1969 bis 1974 errichtet und am 1. September 1975 für den Flugbetrieb freigegeben. Der rote sechseckige Terminal, an den sich die Haupthalle rechteckig anschließt, ist mit seinen Abfertigungsschaltern und Brücken um einen großen Innenhof errichtet worden, in den man mit Fahrzeugen hineinfahren kann. Dort befinden sich ein großer Parkplatz direkt im Zentrum und eine kleinere Anzahl von Parkplätzen in unmittelbarer Nähe der durch Flugsteignummern gekennzeichneten Terminals, auf denen auch die jeweiligen Flüge mit Zielorten angezeigt werden, so daß man sie bereits vom Pkw aus erkennen kann. Parkt man in der Nähe eines Terminals, so sind vom Auto bis zum Abflugschalter nur wenige Meter zurückzulegen. Für Langzeitparker befinden sich außerhalb des Empfangsgebäudes an der Zufahrt Parkmöglichkeiten. Direkt an der Zufahrt befindet sich an einer Seite des sechseckigen Empfangsgebäudes das Zentralgebäude, das man auch mit dem Bus oder Pkw erreichen kann. Neben den Parkplätzen vor dem Empfangsgebäude, im Inneren des Sechsecks und direkt an den Eingängen zu den Terminals gibt es noch im Untergeschoß Parkdecks. Die einzelnen Fluggesellschaften erreicht man unter Tel. 4101–1, Flughafen-Informationen erhält man unter Tel. 4101–2306.

Das Gelände des Flughafens war im 19. Jahrhundert ein Exerzier- und Schießplatz. Im Jahre 1909 landete Graf Zeppelin mit seinem Luftschiff Z 3 auf dem Areal der Tegeler Heide. In den dreißiger Jahren wurden hier die ersten Raketenflugversuche unternommen. Zu den Raketenpionieren in Tegel gehörten Herrman Oberth und Wernher von Braun, der während des Zweiten Weltkriegs in Peenemünde die Raketen V 1 und V 2 produzierte, wobei Tausende von Zwangsarbeitern und KZ-Häftlingen ihren Tod fanden. Er war nach dem Krieg maßgeblich am US-Raumfahrtprogramm der NASA beteiligt. Der Flughafen Tegel wurde 1948 zur Versorgung der Stadt errichtet. 1960 wurde damit begonnen, Tegel als Zivilflughafen auszubauen, und 1966 wurde der gesamte Charterverkehr nach Tegel verlagert. Die französischen Alliierten setzten im Berlin-Verkehr Düsenflugzeuge des Typs »Caravelle« ein, für die die Landebahn in Tempelhof zu kurz war.

Neben dem innerstädtischen Flughafen Tempelhof, der nur für Propellermaschinen und kleinere Düsenmaschinen geeignet ist, und dem Flughafen Schönefeld im Süden Berlins ist der Flughafen Tegel der größte innerstädtische Flughafen. Im Zusammenhang mit der Diskussion um den Bau eines Großflughafens mehrten sich Stimmen und Initiativen politischer Parteien, den Flughafen Tegel wegen der starken Lärmbelästigung für die Anwohner und für die in den Einflugschneisen liegenden Stadtteile zu schließen. Das Begehren ist jedoch zunächst in weite Ferne gerückt.

Das Borsig-Tor

Der Flughafen »Otto Lilienthal«

WITTENAU (EHEMALS DALLDORF)

Wittenau gehört zu den Ortsteilen, die durch recht unterschiedliche Funktionen wie Wohnen, Industrie, Dienstleistung und Verwaltung gekennzeichnet sind. Mit einer Fläche von 11,2 Quadratkilometern liegt Wittenau von seiner Ausdehnung her hinter Tegel (34,3 Quadratkilometer) an zweiter Stelle im Bezirk Reinickendorf. Wittenau zählte nicht wie Tegel zu den Ausflugsgebieten Berlins, sondern wurde, nachdem von 1877–80 die »Städtische Irrenanstalt zu Dalldorf« (heute Karl-Bonhoeffer-Nervenklink) errichtet worden war, eher von den Sommerfrischlern gemieden. Die Entwicklung Wittenaus wurde erst ab der Jahrhundertwende durch die Ansiedlung von Industrie (z. B. entlang des Eichborndamms) und vom Bau neuer Siedlungen wie z. B. Borsigwalde vorangetrieben. Neben den S-Bahnverbindungen S 2 und S 25 fand 1994 durch die Eröffnung der neuen Bahnhöfe der U-Bahn-Linie U 8 »Karl-Bonhoeffer-Klinik«, »Rathaus Reinickendorf« und »Wittenau« am Wilhelmsruher Damm eine weitere Verkehrsanbindung des Bezirkes statt. Zwischen Charlottenburg (Messehallen, ZOB) und Rosenthal verkehrt in zwanzigminütigem Abstand der Expressbus X 21, der den kürzesten Weg über die Stadtautobahn, den Kurt-Schumacher-Platz und die Ollenhauerstraße nimmt, so daß man von Charlottenburg in 25 bis 30 Minuten in Wittenau ist.

Den alten historischen Kern von Wittenau bildet heute der inmitten alter Bäume liegende Dorfanger, der vom Eichborndamm, Teil einer seit dem Mittelalter bestehenden Handelsstraße von Berlin nach Bernau, durchkreuzt wird und an seiner östlichen Seite von der Oranienburger Straße, der nördlichen Verlängerung der Ollenhauerstraße, und an seiner westlichen Seite von der Trift- bzw. Hermsdorfer Straße zu erreichen ist. Im Osten mündet die Straße Alt-Wittenau, die die alte Dorfaue nördlich und südlich umfaßt, in die Gorkistraße nach Tegel.

Erhalten geblieben und heute noch zu besichtigen sind eine Dorfkirche und noch einige ältere Bauernhäuser. Die Dorfkirche wurde um 1480 aus großen und unregelmäßigen Feldsteinen errichtet und ist das älteste bis heute erhaltene Gebäude des Ortes. Sie wurde 1351 erstmalig urkundlich erwähnt. Im Inneren kann man einen Flügelaltar besichtigen, der um 1500 vom Spandauer Nonnenkloster, zu dessen Besitzungen Wittenau – damals noch Dalldorf – bis 1558 gehörte, gestiftet worden sein soll. Drei Figuren, die Heilige Anna, Maria mit dem Jesuskind und der Heilige Nikolaus, sind im Original als Zeugnisse mittelalterlicher Holzschnitzkunst erhalten geblieben.

Von der ursprünglichen Dorfstruktur zeugen auf der Nordseite der Dorfaue noch die Grundstücke Alt-Wittenau 31–42 und auf der Südseite 54a–69. Alle Gebäude auf diesen Grundstücken stammen aus dem 19. Jahrhundert, einige haben spätklassizistische Stuckfassaden. In dem Haus auf dem Grundstück Alt-Wittenau Nr. 66 an der Ecke Eichborndamm befand sich bis 1979 die heimatkundliche Schau des Bezirkes, die 1980 in das neu gegründete Heimatmuseum im alten Hermsdorfer Schulhaus, Alt-Hermsdorf 35, umgezogen ist und sich bis heute dort befindet.

Ursprünglich trug Wittenau den Namen »Daldorph«, später Dalldorf, abgeleitet von Taldorf. Der Name wird sich nicht auf die vorgefundene geographische Situation während der Ostkolonisation im 13. Jahrhundert bezogen haben, sondern stammt vermutlich aus der Heimat der Kolonisten im westlichen Deutschland, wo dieser Ortsname in den Kreisen Lauenburg, Uelzen und Gifhorn häufiger anzutreffen ist.

1880 errichtete die Stadt Berlin auf einem vom Berliner Magistrat erworbenen Areal die »Irrenanstalt Dalldorf bei Berlin« für 1200 Patienten. 1881 wurde sie durch eine »Idiotenanstalt«, eine Erziehungseinrichtung für geistig behinderte Kinder, ergänzt. Da innerhalb der Berliner Bevölkerung der Name Dalldorf immer mit der Irrenanstalt verbunden wurde und die Einwohnerschaft kurz nach der Jahrhundertwende darin ein Hindernis für die erwünschte wirtschaftliche Entwicklung sah, wurde der Berliner Vorort auf Grund einer Petition des Bürgermeisters Paul Witte (1866–1930) und des Dalldorfer Bürgervereins im Jahre 1905 vom Regierungspräsidenten in Potsdam mit Genehmigung Kaiser Wilhelms II. in den Namen Wittenau, in Erinnerung an den 1902 verstorbenen langjährigen Amts- und Gemeindevorsteher Peter Witte (1822 bis 1902), umbenannt. Die Irrenanstalt behielt noch zwanzig Jahre ihren Namen und änderte ihn dann in »Wittenauer Heilstätten« um. 1957 wurde die in einer weitläufigen Grünanlage angelegte Kranken- und Heilstätte nach dem Berliner Psychiater Karl Bonhoeffer (1868 bis 1948) in »Karl-Bonhoeffer-Heilstätten« und ab 1967 in »Karl-Bonhoeffer-Nervenklinik« umbenannt. 1969 und 1976 entstanden neue Bettenhäuser für Patienten und neben einem Küchen- und Gemeinschaftsbau verschiedene Handwerksstätten für leichter erkrankte Patienten. Sei 1987 existiert das »Feste Haus« zur Unterbringung von Straftätern, die vom Gericht als unzurechnungsfähig eingewiesen werden.

Von der alten Dorfaue Wittenaus führte der Eichborndamm in südlicher Richtung direkt auf das 1911 vom Architekten Friedrich Beyer errichtete Rathaus Reinickendorf (heute Altbau des Rathauses), das heute eines der Wahrzeichen Reinickendorfs ist. Nach einem zeitgenössischen Leitartikel des Wittenauer Lokalblatts »Nordbahn-Zeitung«, Nr. 76, 14. Mai 1911, wird das Rathaus wie folgt beschrieben: »Das malerisch gruppierte Aeußere des Gebäudes zeigt barocke Formen mit holländischen Anklängen. Nicht bloß das Gebäude überragend, sondern auch die ganze weite Umgegend beherrschend, erhebt sich der 55 Meter hohe Rathausturm als ragendes Zeichen dafür, daß Wittenau begonnen hat, im Kreise der Berliner Vororte eine Rolle zu spielen, daß es sich infolge des Zuzuges der Berliner Großindustrie in einer aufsteigenden und fortschreitenden Entwicklung befindet. Ein mächtiger Frontgiebel mit hohen Fenstern läßt den Hauptrepräsentationsraum des Gebäudes, den hinter demselben liegenden großen Sitzungssaal erkennen, ein reich gegliedertes Hauptportal aus Kirchheimer Muschelkalk mit Freitreppe und offener Vorhalle führt in das Innere des Gebäudes. Das Dienstzimmer des Amts- und Gemeindvorstehers ist durch einen ebenfalls in Muschelkalk ausgeführten Erker hervorgehoben, der Nebeneingang an der Südfront, der unmittelbar zu den Polizeiräumen führt, weist verschiedene auf diese Zweckbestimmung hindeutende Motive auf. Im Uebrigen ist das Gebäude in Ziegelrohbau aus Rathenower Handstrichsteinen ausgeführt. Das hochragende Dach ist mit grau geschmoochten holländischen Pfannen eingedeckt, die Turmabdeckung besteht aus Kupferplatten, ebenso sind die Abfallrohre und die Abdeckung des Erkers in Kupfer hergestellt. Die Wetterfahne auf dem Turme zeigt eine Wiedergabe der Embleme des Wittenauer Gemeindewappens (Tanne mit Sense).«

Das alte Rathaus betritt man durch eine schöne Portalhalle, in der unterhalb der allegorischen Gesimsfiguren ein vom Bildhauer Julius

Der Altbau des Rathauses Reinickendorf

Wolff gearbeitetes Bildnismedaillon an Peter Witte erinnert. Der Figurenschmuck am Hauptportal symbolisiert die Werte, die das Selbstverständnis der Wittenauer Bürgerschaft, die 1912 Mitglied des Zweckverbandes von Groß-Berlin wurde, widerspiegeln: das Selbstbewußtsein des Bürgertums, den vorwärts schreitenden Geist der Zeit, die sich erneuernde Kraft des Volkes, den Nährstand und den Wehrstand.

Im Inneren befindet sich auf der rechten Seiten der Zugangstreppe eine Gedenktafel für die von 1933 bis 1945 verfolgten und ermordeten Reinickendorfer Juden. Die Tafel wurde im August 1995 vom Bezirksamt Reinickendorf in Anwesenheit von damals verfolgten Reinickendorfern, Politikern, Vertretern der Jüdischen Gemeinde Berlins, von zahlreichen Gästen, u. a. der Reinickendorfer Partnerstadt Kiryat-Ata in Israel, und Schülerinnen und Schülern Reinickendorfer Schulen eingeweiht.

Im alten Rathaus befinden sich heute das Standesamt, einige Büros der Abteilung Bauwesen und der Bezirksverordnetenversammlung sowie Sitzungssäle. Zu den Attraktionen des Reinickendorfer Rathauses zählen das »Erker-Zimmer«, in dem der Wittenauer Amtsvorsteher einst sein Büro hatte und wo heute die standesamtlichen Trauungen vollzogen werden, und der mit alter Bestuhlung und einer kunstvoll verzierten Decke ausgestattete Sitzungssaal der Bezirksverordnetenversammlung mit den bunten Glasfenstern im Giebel des Rathauses.

Von 1950 bis 1955 wurde das Rathaus nach Plänen von Walter Briesenick durch einen langgestreckten, südlichen Anbau erweitert, in dem sich heute der Haupteingang mit der Information und den Wegweisern zu den einzelnen Dienststellen befindet. Zwischen dem alten Rathaus und dem Neubau wurde ein gläserner Verbindungsgang in Stahlbetonskelettbauweise, der von Mitarbeitern als sog. Beamtenlaufbahn bezeichnet wird, errichtet. Als Quergebäude zu diesem Anbau entstand von 1954 bis 1957 nach Plänen von Wilhelm Schäfer der Ernst-Reuter-Saal mit 600 Sitzplätzen, der für Versammlungen und für kulturelle Abende wie z. B. Musikveranstaltungen und Varietés für Senioren oder Konzerte und Kammermusikabende des Kunstamtes Reinickendorf veranstaltet werden.

Im alten Ratskeller des Rathauses Reinickendorf befindet sich seit dem Abzug der französischen Alliierten im Jahre 1994 das französische Restaurant »Le Caveau«, das von einem ehemaligen Mitarbeiter des »Pavillon du Lac« betrieben wird und die französische Tradition in Reinickendorf aufrecht hält. Hier kann man in der Woche mittags ein preisgünstiges Menü erhalten und an den Abenden und Wochenenden hervorragend speisen. An verschiedenen Wochenenden im Jahr werden zu Pauschalpreisen mehrgängige Menüs mit verschiedenen Weinen und Champagner inklusive oder Spezialgerichte wie z. B. »Scampis in verschiedenen Variationen«, »Hummer spezial« u. a. angeboten (Informationen unter Tel. 414 59 71, Fax: 414 61 70).

Hinter dem Rathaus im Rathauspark wurde an der Stelle eines alten Kriegerdenkmals 1954 ein von der Künstlerin Lidy von Lüttwitz geschaffenes Denkmal für die Opfer des Nationalsozialismus aufgestellt. Vor diesem Denkmal hat das Bezirksamt Reinickendorf 1995 ein Rosenbeet angelegt, das an die Verbrechen von Lidice erinnern soll.

Schräg gegenüber dem Haupteingang zum Rathaus Reinickendorf, am Hinterausgang der U-Bahn, die 1994 hier eröffnet wurde, befinden sich zwischen der Hermann-Piper-Straße und der Straße Am Nordgraben das Verwaltungszentrum der Polizei (Am Nordgraben 6–8) und daneben das architektonisch und farblich etwas eigenwillig gestaltete Finanzamt Reinickendorf, das 1976 errichtet worden ist und zahlreichen Mitarbeiterinnen und Mitarbeitern des Rathauses und auch vielen Seniorinnen und Senioren wegen seiner Kantine im Obergeschoß mit mehreren gutbürgerlichen Gerichten zu billigen Preisen bekannt ist und auch von vielen genutzt wird.

Am Nordgraben 1, an der Grenze zu Tegel, wurde 1981 ein Beratungszentrum für Behinderte eingeweiht, direkt daneben entstand 1985 das neue Humboldt-Krankenhaus (Am Nordgraben 2) mit 630 Betten.

Ein architektonisches Zeugnis besonderer Qualität ist die 1931 von Jean Krämer errichtete Rundbauschule, die ehemalige 14. und 26. Volksschule in Alt- Wittenau 8–12 an der Ecke Roedernallee, heute Johannes-Lindhorst- und Max-Eyth-Oberschule. Die Schule zählte in der Weimarer Republik zu den modernsten in Berlin und war mit Zeichen- und Musiksälen, einer Waschküche für hauswirtschaftlichen Unterricht, einer Lehrküche, Räumen für den Werk- und den naturwissenschaftlichen Unterricht, einer Lehrer- und Schülerbücherei sowie zwei Turnhallen ausgestattet.

Südwestlich des Rathauses Reinickendorf erreicht man über die Holzhauser Straße die Wohnsiedlung Borsigwalde, eine zwischen 1899 und 1909 errichtete Kolonie für Arbeiter und Angestellte der Borsigwerke im nahegelegenen Tegel. In dem Viertel um die Conradstraße, die Räuschstraße und die Schubartstraße herum findet man heute noch ein nahezu geschlossenes Fassadenbild mit zwei- bis dreistöckigen Wohnhäusern in gotisch-barocker Stilmischung. Der Ausbau der Siedlung erfolgte in den dreißiger Jahren.

Zwischen der Räusch- und der Schubartstraße liegt der älteste Teil von Borsigwalde. Die Kolonie umfaßt 80 Mietskasernen, die damals noch auf freiem Feld errichtet wurden und für 3000 bis 4000 Bewohner geplant waren. Zu jeder Wohnung gehörte hinter dem Haus ein kleiner Garten, in dem die Arbeiter sich zu einem Teil Gemüse für den eigenen Verbrach anbauen konnten. Trotz vieler positiver Aspekte gab es insbesondere in der Anfangsphase zahlreiche Probleme, mit deren Bewältigung sich die Werksleitung von Borsig am Anfang überfordert fühlte. In den ersten Jahren gab es weder Kanalisation noch Wasserleitungen oder eine Müllabfuhr. Das Wasser wurde aus Trinkwasserbrunnen gewonnen, der Müll und die Fäkalien auf den Höfen vergraben, was in den ersten Jahren zu Typhus-Fällen in der Arbeiterkolonie führte. Nicht alle Bewohner waren Arbeiter von Borsig, weil viele sich nicht in die Abhängigkeit des Werkes begeben wollten. Die Gemeindeverwaltung von Dalldorf erhoffte sich durch die Ansiedlung von Fabriken eine Steigerung der Steuereinnahmen. So wurde das der Kolonie Borsigwalde an der Holzhauser Straße gegenüberliegende Gelände von der »Borsigwalder Terrain-Aktiengesellschaft« als Industriegebiet erschlossen.

Vor dem Haus in der Schubartstraße 55 erinnert eine Gedenktafel an die Mitglieder der Gruppe »Mannhart«, einer Widerstandsgruppe von 30 Arbeitern bei »Rheinmetall-Borsig« und weiteren Mitgliedern wie Dr. Max Klesse aus Heiligensee, die während des Zweiten Weltkriegs in Flugblättern, die für die ausländischen Zwangsarbeiter auch in russisch und französisch verfaßt wurden, zum Sturz des Nazi-Regimes aufriefen und Sabotage, langsames Arbeiten und »Krankfeiern« forderten, um die deutsche Rüstungsproduktion zu schwächen. Die Wohnung von Friedrich Lübben in der Schubartstraße 55 war ein Treffpunkt dieses Kreises mit ausländischen Zwangsarbeitern. Im November 1943 wurden Mitglieder der Gruppe Mannhart verhaftet und Friedrich Lübben, Otto Haase (Tegel, Tile-Brügge-Weg 97), Otto Dressler (Heiligensee, Zeisgendorfer Weg 4) und Albert Brust (Tegelort, Bismarckstraße 11, heute: Friederikestraße) im September 1944 hingerichtet. Einer der führenden Köpfe der Gruppe Mannhart, Dr. Max Klesse, konnte der Verfolgung durch die Gestapo entkommen.

Mit der Gründung von Borsigwalde erfolgten parallel die Industrieansiedlungen auf dem Gebiet von Wittenau. Das große Industrieareal Wittenaus erstreckt sich zwischen der Holzhauser Straße und dem Eichborndamm im Westen und reicht bis an die S-Bahn (S 25), teilweise bis an die Stadtautobahn und in nordöstlicher Richtung bis zum Nordgraben. Zeugnisse der Industrialisierung sind die mehrere hundert Meter langen, vor dem Ersten Weltkrieg aus Backstein hergestellten Industriefassaden der Deutschen Waffen- und Munitionsfabriken AG am Eichborndamm, zwischen dem gleichnamigen S-Bahnhof und dem Nordgraben, wo heute verschiedene Firmen angesiedelt sind und es eine Vielzahl von Lagerräumen, Büros und Dienstleistungseinrichtungen gibt.

Östlich des S- und U-Bahnhofes Wittenau erstreckt sich bis zur Bezirksgrenze nach Pankow, an der von 1961 bis 1989 die Berliner Mauer verlief, das Märkische Viertel. Das Wohnviertel wurde nach dem Bau der Berliner Mauer in den Jahren 1963 bis 1974 errichtet und zählte damals zu den größten, aber auch umstrittensten Neubaugebieten Deutschlands. Von 20 Architekten wurden unter der Gesamtleitung von Werner Düttmann, Hans Müller und Georg Heinrichs etwa 17 000 Wohnungen für ca. 50 000 Menschen errichtet. Im Märkischen Viertel wurde entgegen der damals herkömmlichen Flächenbebauung eine Stadtlandschaft errichtet. Zusammenhängende Ketten von gestaffelten Wohnhochhäusern sollten wie Arme die bereits vorhandenen, aber auch die neu errichteten Gebiete mit kleineren Wohnhäusern umschließen. Im Mittelpunkt dieser Gesamtanlage wurde ein Dienstleistungszentrum mit Geschäften, einem Kaufhaus und Restaurants als Kommunikationsort errichtet.

In das Märkische Viertel gelangt man von Wittenau aus über den Wilhelmsruher Damm oder von Lübars über die Quickborner Straße bzw. über den Öschelbronner Weg und die Finsterwalder Straße. Folgt man vom U- und S-Bahnhof Wittenau dem Wilhelmsruher Damm, dann erblickt man zunächst auf der linken Seite vier- bis 16geschossige Wohnhäuser und auf der rechten Seite in Blau und Rot gehaltene vier- bis achtgeschossige Bauten. Innerhalb des Märkischen Viertels unterquert man die gelbe Postbrücke, die eine Verbindung zwischen den Wohnbauten auf der südlichen Seite des Wilhelmsruher Dammes und dem Märkischen Zentrum bildet. Das Märkische Zentrum wird vom Wilhelmsruher Damm, von der Königshorster Straße, vom Senftenberger Ring sowie von den Grünanlagen des Packereigrabens begrenzt. Zum Zentrum gehören neben dem Kaufhaus, den verschiedenen Einkaufsmärkten, Geschäften und Läden die St.-Martins-Kirche und ein Hallenschwimmbad. Weiterhin befinden sich dort die Thomas-Mann-Oberschule, die 1972 als erste integrierte Gesamtschule Berlins eingerichtet worden war, und das Fontane-Haus – ein Mehrzweckbau und kommunales Kulturzentrum, der mit einer Bibliothek, mit Werkstätten, einem Senioren- und Jugendclub, mehreren Räumen, die unter anderem von der Volkshochschule Reinickendorf genutzt werden, Veranstaltungsräumen mit Bühne, Sitzplätzen und einer Galerie ausgestattet ist. Im Fontane-Haus, das 1996 sein 20jähriges Bestehen feierte, werden verschiedene Musikveranstaltungen des Kunstamtes wie Opern, Ballett und Operette angeboten. Galerien und Veranstaltungsräume können auch von freien Gruppen und Privatleuten gemietet werden. Unter dem Motto »Museen im Märkischen Viertel« zeigt die GeSoBau, die Wohnungsbaugenossenschaft des Viertels, zweimal pro Jahr Ausstellungen verschiedener Museen und Künstler. Eine der Hauptattraktionen bildete zu Beginn dieser Reihe die große Dinosaurier-Ausstellung im März/April 1994, die von mehreren Tausend Besuchern täglich besichtigt wurde.

Hinter dem Märkischen Zentrum gelangt man auf dem Senftenberger Ring in den nördlichen Teil des Viertels, wo die Siedlungen blockhaften Charakter haben und sich Gebäudeketten um Innenhöfe gruppieren. Innerhalb des Ringes befinden sich neben den Wohnsiedlungen das »Atrium« – Jugendkunst-, -theater- und -literatur-Werkstatt –, eine Kita, die Chamisso-Grundschule, die Senfkorn-Kirche, die Bettina-von-Arnim-Oberschule, ein Seniorenzentrum und ein Jugendfreizeitheim. Östlich dieses Komplexes wurde das Seggeluchbecken, ein künstlicher See mit verschiedenen Wasservögeln, geschaffen. In dessen Nähe befindet sich die Kirche am Seggeluchbecken mit einem evangelischen Gemeindezentrum. In südlicher Verlängerung des Beckens führen der Wetzlower Steig und die Königshorster Straße auf den Wilhelmsruher Damm zurück.

Das Märkische Viertel wurde von den Berlinern in den ersten Jahren nach seiner Fertigstellung eher negativ als positiv bewertet, da es viele Probleme gab, die darin bestanden, daß gleichzeitig gebaut und bereits in den fertiggestellten Häusern gewohnt wurde und daß die Versorgung und Verkehrsanbindung mangelhaft waren. Hinzu kamen am Anfang der Mangel an Kindertagesstätten, Schulen, Spielplätzen und Jugendeinrichtungen Ende der sechziger und in den siebziger Jahren. Von vielen wurde das Märkische Viertel noch zu Beginn der achtziger Jahre abgelehnt oder zumindest hart kritisiert. Die Versorgung, die soziale und kulturelle Ausstattung ist heute, wie oben erwähnt, gut. Im Jahre 1994 wurde der U-Bahn-Anschluß bis zum S-Bahnhof Wittenau fertiggestellt. Ursprüngliche Planungen, die U-Bahn bis zum Märkischen Zentrum zu bauen, ließen sich nicht realisieren und werden auf Grund der hohen Kosten und der leeren Kassen im Landeshaushalt nicht verwirklicht werden können.

Seit 1984 wurden jedoch konkrete Programme zur Verbesserung des Wohnumfeldes im Märkischen Viertel eingeleitet. Es wurden z. B. »Beiratsverfahren« geschaffen, bei denen Stadtplaner, Kommunalpolitiker, Architekten und Mieter gemeinsam Überlegungen zur Verschönerung und zur Verbesserung ihres Viertels anstellten. Die Fassaden bekamen freundlichere Anstriche, es wurden Mietercafés und Hobbyräume in ehemaligen Waschhäusern eingerichtet, und für die Unterbringung von Besuchern stehen sogar sechs komplett ausgestattete Wohnungen zur Verfügung. Es gab für eine kurze Zeit ein eigenes Fernsehprogramm, und es gibt bis heute den MV-Express, eine eigene Stadtteilzeitung. Für die Mieter stehen etwa 300 Mietergärten zur Verfügung, die von der GeSoBau kostengünstig vermietet werden. Im Gegensatz zu den ersten Jahren ist das Märkische Viertel mit Jugend- und Freizeiteinrichtungen sehr gut ausgestattet. An der Königshorster Straße befindet sich auf etwa 9000 Quadratmetern ein Freizeitgelände, das heute von der Naturfreundejugend betrieben wird. Auf etwa der Hälfte des Geländes befindet sich einer der ältesten Abenteuerspielplätze Deutschlands, auf dem Mädchen und Jungen zwischen sechs und 13 Jahren u. a. Hütten bauen und Lagerfeuerabende veranstalten können.

Das Märkische Viertel wird heute von seinen Anwohnern, die eine gewachsene soziale Mischung darstellen, akzeptiert. Es besteht eine enge Bindung vieler Mieter an ihr Viertel, und es existieren viele gutnachbarschaftliche Kontakte. Eine Gefahr besteht heute allerdings darin, daß dieses Gleichgewicht von sozial schwächeren Bevölkerungsschichten, den durchschnittlich und den Besserverdienenden ins Wanken gerät, da die Mieten auf Grund der Fehlbelegungsabgabe steigen und da auf Grund der umfangreichen Maßnahmen der Wohnumfeldverbesserung die Betriebskosten bei der GeSoBau im MV in einigen Bereichen höher sind als bei anderen Wohnungsbaugesellschaften. Die Konkurrenz des Umlandes, in dem sich Besserverdienende für wenige hundert Mark mehr bereits eine attraktive Stadtvilla leisten können, birgt für das Märkische Viertel ein Gefahrenpotential, dem begegnet werden muß.

Zwischen dem Steinbergpark und der Nordbahn, begrenzt durch die Jean-Jaurès-Straße, befindet sich die »Cité Foch«, eine Siedlung der französischen Alliierten (heute im Besitz des Bundesvermögens), die insgesamt aus 80 Gebäuden mit 785 Wohnungen zwischen 50 bis 210 Quadratmetern Grundfläche besteht. Die ersten Gebäude dieser Siedlung wurden 1952 auf einem Gelände in der Nähe des »Camp Foch« errichtet, in dem die Gendarmerie der französischen Alliierten stationiert war. Zunächst wurde sie nach Leutnant Toucoulou Tachouères, dem im Indochinakrieg 1948 gefallenen Sohn des Obersten der französischen Streitkräfte in Deutschland, als »Cité Toucoulou« bezeichnet, später dann als »Cité Foch«. Heute erinnern die französischen Straßennamen wie »Rue Montesquieu«, »Avenue Charles de Gaulle« oder »Rue Racine« an die Präsenz der Alliierten. Zu der 1976 fertiggestellten Siedlung gehörten ein »Centre Commercial« der Economat-Kette mit Lebensmitteln, Drogerie- und Parfümerieartikeln, Zeitungen, Zeitschriften, Haushaltswaren und Elektroartikeln. Später wurden ein Hallenbad und ein Stadion mit Turnhalle, ein medizinisch-soziales Zentrum, das Kino »Le Flambeau«, die katholische Kirche »Sainte Geneviève« und das Jugendzentrum »Centre Talma« errichtet. Am Place Molière befinden sich drei Schulen: In den Gebäuden der ehemaligen »Ecole Victor Hugo« residiert heute die 7. OG »Romain-Rolland-Oberschule«, im Hause der ehemaligen französischen Schule »Saint Exupéry« ist die Filiale der Münch-

Straßenschild an der Zufahrt zur »Cité Foch«

Blick auf das Märkische Viertel

hausen-Grundschule beheimatet, und auch die »Cité scholaire de Reinickendorf« hat hier am Platz ihren Standort. Das Geschäfts- und Einkaufszentrum ist bis heute geschlossen. Die Wohnungen der »Cité Foch«, die zu den komfortabelsten Alliiertenwohnungen in Berlin zählen, werden mit zeitlich befristeten Mietverträgen vermietet und sind den Bundesbeamten, die im Zuge des Umzuges der Bundesregierung und der Ministerien nach Berlin kommen, vorbehalten.

FROHNAU

Frohnau bildet den nördlichsten Teil des Bezirkes und ragt als Sporn in das Gebiet Brandenburgs und seine angrenzenden Orte Glienicke, Bergfelde und Hohen Neuendorf (Landkreis Oberhavel) hinein. Nach dem Bau der Berliner Mauer 1961 war der Begriff »Entenschnabel« allen Berlinern geläufig. Bis 1989 konnte man Frohnau mit dem Auto nur von Süden her über Hermsdorf bzw. über die Rote Chaussee von Heiligensee her erreichen. Heute sind alle Wege offen.

Nach Frohnau fährt man jedoch am bequemsten nach wie vor mit der S-Bahn (Linie S1 Potsdam-Oranienburg), die am Tage im Zehn-Minuten-Takt in Richtung Berliner Zentrum und nach Oranienburg verkehrt, wo man die Übergangsmöglichkeit zu den Regional-, Interregio- und Intercityzügen in Richtung Norden hat. Die Buslinie 421 führt von der Hainbuchenstraße, S-Bahnhof Frohnau, Hermsdorf nach Alt-Wittenau über den Kurt-Schumacher-Platz bis zum Jakob-Kaiser-Platz (Endstation: Jungfernheide), der Bus 125 verbindet die Invalidensiedlung und den S-Bahnhof Frohnau mit Tegel.

Mit dem Auto erreicht man Frohnau über die Bundesstraße 96, die Oranienburger Chaussee, vom Zentrum kommend in Richtung Oranienburg. Nördlich der Veltheimstraße verläßt man das Berliner Stadtgebiet für einige hundert Meter, da die Straße hier durch Brandenburg entlang dem ehemaligen »Todesstreifen« der Berliner Mauer führte. Um in das Zentrum von Frohnau zu gelangen, muß man am Edelhofdamm nach links in westlicher Richtung abbiegen. Direkt an der Ecke erinnert ein »Mauerdenkmal« an den Verlauf der Stadtgrenze, die einst die Trennung verschiedener politischer Systeme und der Menschen gewesen war. Der Edelhofdamm (ehemals Kaiserpark) als Schmuckplatz in seiner rechteckigen Form war als repräsentative Grünanlage am Ortseingang Frohnaus geplant. Ein aus Steinen gebauter und mit Ziegeln gedeckter Unterstand diente als »Vorposten«. Blumenrabatten, Kübel mit geschnittenen Eiben in gleichmäßigen Abständen, dahinter ein naturbelassenes Waldstück mit Birken und Kiefern sollten einst dem Grundstückskäufer, der über den Schmuckplatz am Ortseingang, den Edelhofdamm und den Zeltinger Platz in das Zentrum Frohnaus eintrat, den Eindruck einer »Stadt im Grünen« vermitteln. Heute ist die Grünanlage an einigen Stellen auf dem parkartigen Mittelstreifen zugewachsen und trägt nicht mehr den einstigen Charakter der Haupt-Zufahrtsstraße in die Gartenstadt.

Die Geschichte der Gründung Frohnaus beginnt im Jahre 1907, als Guido Graf Henckel Fürst von Donnersmarck von Baron Werner von Veltheim/Schönfließ 3000 Morgen Wald der Stolper Heide kaufte und den Grundbesitz der ihm unterstehenden »Berliner Terrain-Centrale GmbH« überließ, in der Absicht, eine Gartenstadt zu errichten. Nach der Ausschreibung eines Wettbewerbs zur städtebaulichen Planung im Jahre 1908 wurde die Anlage der Gartenstadt Frohnau (»Frohe Aue«) von den Gewinnern, den Charlottenburger Architekten Joseph Brix und Felix Genzmer, verwirklicht. Die Gesamtanlage umfaßte etwa 284 Blöcke unterschiedlicher Größe und Form, die in 6000 Parzellen von je 1000 Quadratmetern aufgeteilt werden sollte. Man wollte eine maximale Einwohnerzahl von 30 000 Menschen unterbringen. Das gesamte Grünsystem, die Gestaltung der Plätze, des Friedhofes, des Poloplatzes und die Bepflanzung der Straßen und Alleen mit 10 000 Bäumen wurde von Ludwig Lesser konzipiert, der 1908 zum Gartendirektor der »Berliner Terrain-Centrale« ernannt worden war. Die Einweihung Frohnaus fand am 7. Mai 1910 statt. Zu den ersten Bewohnern der Gartenstadt Frohnau, die sich zu einer Villen- und Landhauskolonie für Bessergestellte entwickelte, zählten nach einem Ansiedler-Verzeichnis von 1912 im wesentlichen Bankiers, Fabrikbesitzer, Wissenschaftler, Kaufleute, gehobene Beamte und Handwerksmeister.

Wegen des Ersten Weltkrieges stagnierte die Besiedlung. Weite Teile Frohnaus nördlich der Schönfließer Straße und östlich des Oraniendamms im Bereich der heutigen Besiedlungsgrenze bis zum Hubertussee, der 1910 ausgehoben und als Grundwasser- und Sammelbecken geschaffen wurde, wurden nie bebaut, obwohl die Straßen mit Pflasterung, Bordsteinen und Bürgersteigen bereits gebaut worden waren und heute noch inmitten des Waldes existieren.

Das Zentrum wird bis heute durch den Ludolfinger- und den Zeltinger Platz gebildet, die durch eine Brücke, unter der die S-Bahn (S1 Potsdam-Oranienburg) entlangfährt, verbunden sind. Die von den Architekten Hart & Lesser 1910 vollendeten Bauten um den Bahnhof herum mit dem 30 Meter hohen Casinoturm, dem heutigen Wahrzeichen Frohnaus, bilden die zentralen Gebäude im Zentrum.

Der westlich der Bahnlinie vor dem zur Einweihung im Jahre 1910 errichteten Casinoturm gelegene Ludolfinger Platz bildet ein Oval mit einem Durchmesser von 105 Metern. Die einseitige Erhöhung wird durch eine Treppen- und Terrassenanlage überbrückt. Von dem in eine kleinere und eine größere Anlage unterteilten Schmuckplatz führen fünf Straßen strahlenförmig in die Siedlung. Die mittlere, der in gerader Verlängerung zur Mittelachse des Platzes liegende Sigismundkorso, ist zu einer zweibahnigen Promenade mit einem breiten Grünstreifen in der Mitte ausgebaut. Ein rundes Wasserbecken mit einer Fontäne und vier große Buchsbaumkugeln dominieren die dem Bahnhof vorgelagerte kleinere Anlage, von der man über die Straße in den architektonisch gestalteten größeren Platz gelangt.

Der halbrunde Zeltinger Platz, der einen Durchmesser von 190 Metern verzeichnet, bildet das östliche Gegenstück zum Ludolfinger Platz. Eingefaßt wird er durch eine Allee von weißblühenden Roßkastanien. Den Hauptanziehungspunkt bildet die mächtige, mit Wein berankte Pergola aus Kunststein, welche die Aussichtsterrasse auf der geraden Seite des Platzes umrahmt. Die Terrassenanlage, von der beidseitig Treppenanlagen in den tiefer gelegenen gärtnerisch gestalteten Bereich führen und die sich halbkreisförmig in die Form des Platze hineinschiebt, wurde von dem Architekten Paul Poser geplant. Im inneren Halbkreis der Pergola ist auf einer Rasenfläche ein ovales Brunnenbecken plaziert, dessen Mittelsockel seit 1980 eine Kopie der Bronzefigur »Die Kugelläuferin« (Original von Otto Märker) ziert.

Wie beim Ludolfinger Platz führen fünf Straßen strahlenförmig in die

Siedlung, jedoch wurde hier nicht die mittlere Achsiale, sondern die nach Norden führende Wiltinger Straße (früher Kronprinzenstraße), die zum Ludwig-Lesser-Park führt, zu einer Promenade ausgebaut. Die Randbebauung erfolgte am Zeltinger Platz später als am Ludolfinger Platz. Zu den markantesten Bauten zählt die 1933–36 erbaute evangelische Johanneskirche.

Um beide Plätze herum gruppieren sich zahlreiche Geschäfte, Supermärkte und Läden, die hauptsächlich der Versorgung der Anwohner und der Menschen aus den benachbarten Orten dienen.

In den vom Zentrum abgehenden Straßen findet man eine große Zahl stattlicher Villen und Landhäuser, wie z.B. die von dem Architekten Heinrich Straumer (1876–1937) 1911 erbaute Villa im Ludolfingerweg 54, die ein wichtiges Zeugnis bürgerlicher Architektur aus der späten wilhelminischen Zeit darstellt. Weitere von Straumer errichtete Bauten sind die vier Landhäuser An der Buche 17–21 von 1911, von denen die drei auf dem ansteigenden Terrain, der südlichen Straßenseite befindlichen Häuser über eine von Feldsteinen und Findlingen zusammengefügte Mauer erschlossen werden. Die einzelnen Häuser besitzen steile Satteldächer und spitze Giebel mit Sprossenfenstern, die in einem erdfarbenen Ton verputzt sind, ohne Schmuckelemente oder Ornamente. Ein weiteres Zeugnis Straumers ist die Villa Janson in der Zeltinger Straße 43/Zerndorfer Weg 54. Sie zeigt, von einem flachgeneigten Walmdach abgeschlossen, mit ihrer Hauptfassade zum Konzer Platz. Ursprünglich besaß dieses 1910 errichtete Haus eine Kutschdurchfahrt, die durch den von Ludwig Lesser (1869–1957), der nach 1933 wegen seiner jüdischen Vorfahren verfolgt wurde und 1939 nach Schweden emigrierte, wo er bis zu seinem Tode lebte, gestalteten Vorgarten führte und die zwei Rasenflächen, eine mit einem Wasserbecken und die andere mit einer Skulptur, voneinander trennte.

Das Andenken an Ludwig Lesser wird heute durch den Ludwig-Lesser-Park am Ende der Wiltinger Straße südlich des Poloplatzes geehrt.

Südlich des Ludwig-Lesser-Parks in der Wiltinger Straße befindet sich ein Kriegerdenkmal von Paul Poser (1876–1940), das die Einwohner Frohnaus in den ersten Jahren der Weimarer Republik zu Ehren der Gefallenen des Ersten Weltkrieges errichtet haben. Paul Poser gehört neben Straumer zu den wichtigsten Architekten Frohnaus. Er schuf unter anderem 1911 das Landhaus am Poloplatz (Casino), in dem sich heute ein italienisches Restaurant befindet, und 1926/27 u.a. die Siedlung des Vaterländischen Bauvereins an der Welfenallee mit 30 Mehrfamilienhäusern, die sich trotz späteren Baudatums in die Ortstypik Frohnaus einfügen. Insgesamt wurden um die 40 Häuser nach Plänen der Architekten Straumer und Poser in Frohnau errichtet.

Eine weitere, nicht unbedeutende Villa, die von den Architekten Poser und Bamm 1925 errichtet wurde, befindet sich heute in der Zeltinger Straße 6. Sie wurde einst für den Generaldirektor der Versicherungsgesellschaft »Deutscher Herold« Herbert Worch erbaut und war während des Dritten Reiches Sitz der Ortsgruppe der NSDAP von Frohnau. 1945 wurde die Villa zunächst der Sitz des sowjetischen Ortskommandanten, dann übernahmen ab dem 9. Juli 1945 die britischen Alliierten das Gebäude. Ab dem 12. August 1945 kam das Haus in den Besitz der Franzosen, die dort ein Offizierskasino einrichteten und der Villa ihren heutigen Namen »Centre Bagatelle« gaben. Ab 1950 stand das Haus auch Deutschen offen. Hier fanden Empfänge, kulturelle Veranstaltungen oder z.B. auch französische Sprach- und Literaturkurse statt. Im Jahre 1993 wurden Grundstück und Haus dem Bezirksamt Reinickendorf wiedergegeben. Beides gehört heute zur Abteilung Finanzen, Wirtschaft, Kultur des Bezirksamtes.

Genutzt wird die Villa für Veranstaltungen der Volkshochschule Reinickendorf, für kulturelle Veranstaltungen wie Film- und Vortragsabende, Lesungen und als Tagungsort für Vereine.

Zu den Vereinen gehören die Deutsch-Französische Gesellschaft, Gruppe Nord (Tel. 7529986), der Kulturkreis Frohnau e.V. (Tel. 4011277), der Kunstverein »Centre Bagatelle« (Tel. 404 12 95) und der Seniorenclub Frohnau e.V. (Tel. 404 96 26).

In Frohnau gibt es mehrere Einrichtungen für Körperbehinderte und auch für geistig und mehrfachbehinderte Kinder. Eine dieser Einrichtungen ist das Evangelische Rehabilitationszentrum für Körperbehinderte der Fürst Donnersmarck-Stiftung zu Berlin im Wildkanzelweg 28, 13465 Berlin (Tel. 406 06–0). Im Vordergrund steht die Verselbständigung eines jeden einzelnen Behinderten. Das bedeutet sowohl Rehabilitation als Eingliederung in unsere Gesellschaft als auch gezielte medizinische Therapie und sozialpädagogische Förderung. Von MOVADO e.V. (Langhausstraße 64, 13086 Berlin, Tel. 471 51 45) wurde 1996 mit Unterstützung des Bezirksamtes Reinickendorf und der Fürst Donnersmarck-Stiftung zu Berlin ein Wegweiser für behinderte und nichtbehinderte Menschen mit dem Titel »Mobil in Frohnau« herausgegeben, in dem praktische Informationen – z. B. ebenerdige Geschäfte, die für Rollstuhlfahrer geeignet sind –, Informationen zur Geschichte und über die Sehenswürdigkeiten Frohnaus zu finden sind.

Nördlich des Ludwig-Lesser-Parkes befindet sich der ursprünglich von Lesser als Freizeit- und Erholungspark geplante Poloplatz. Der Platz wurde von 1913 bis 1932 zum Polospielen genutzt. Während der Weimarer Republik war der Polosport eine olympische Disziplin. Nach 1933 mußten viele jüdische Mitglieder des ehemaligen Poloclubs emigrieren. Heute befinden sich mehrere Reitställe in der Nähe des Geländes das nach dem Zweiten Weltkrieg als »Centre Hippique« von den französischen Alliierten und von 1953 bis 1958 vom Reiterverein Nord-Berlin genutzt wurde. Seit 1960 reitet hier der Frohnauer Reitclub.

Im Nordwesten Frohnaus gelangt man über den Staehleweg, der Verlängerung des Hubertusweges, zur Invalidensiedlung, die die Tradition eines 1747 gegründeten »Invalidenhauses« am Oranienburger Damm fortsetzt. Der Name des Zugangsweges zur Siedlung erinnert an den 1945 ermordeten Widerstandskämpfer Oberst W. Staehle. Die Siedlung wurde 1938 unter der Leitung des Heeresbauamtes nach Plänen der Militärbaubeamten Kallmeyer und Hagen mit 50 zweigeschossigen holländisch anmutenden Klinkerhäusern mit insgesamt 50 Wohnungen, einem Wirtschaftsgebäude, dem »Haus des Kommandanten« und zwei Toreingängen mit Schilderhäuschen errichtet. Über den Hauseingängen befinden sich Relief- und Schriftschmuckarbeiten mit Jahreszahlen oder Ortsnamen. Die steinernen Hauszeichen beziehen sich auf die Schlachten der Schlesischen Kriege von 1740/42 und 1744/45. 1953 wurde die Verwaltung der Invalidensiedlung dem Landesversorgungsamt übertragen. Die Siedlung wird von Kriegsversehrten und ihren Familien bewohnt; die Wohnungen, die dem Mietniveau von Sozialwohnungen entsprechen, sind behindertengerecht eingerichtet.

Am Edelhofdamm 54, vom Zeltinger Platz in östlicher Richtung gut zu erreichen, liegt das Buddhistische Haus, eine der Hauptsehenswürdigkeiten Frohnaus und eine der wichtigsten Kultstätten des Buddhismus in Westeuropa. Das Haus wurde vom Berliner Arzt Dr. Paul Dahlke (1865 bis 1928) von 1922 bis 1924 nach Plänen des Architekten Max Meyer errichtet. Paul Dahlke war während einer Reise nach Ceylon (heute: Sri Lanka) zum Buddhismus übergetreten und ließ sich nach seiner Rückkehr dieses Haus auf einem Waldgrundstück, auf dem ursprünglich ein evangelisches Gotteshaus errichtet werden sollte, bauen. Nach seinem Tod im Jahre 1928 wurde er in einer Gruft neben dem Haus beigesetzt. Am Eingang wird seiner mit einer Gedenktafel gedacht.

Der Besucher durchschreitet heute wie damals ein der indischen Tempelarchitektur entlehntes Elefantenportal, das kunstvoll verziert ist. Auf einer Treppe von 73 Stufen mit acht Absätzen erreicht man den doppelflügeligen Hauptbau. Die Stufen symbolisieren die 73 Arten des Wissens eines Buddhas und die Treppenabsätze den »edlen achtfachen Pfad« zur Erlösung eines Buddhas. Das Hauptgebäude auf der Anhöhe weist einen mit singalesischen Stilelementen verzierten Turm auf. Hinter dem Hauptbau befindet sich der sogenannte Tempel, eine Meditationshalle mit Pagodendächern im japanischen Stil. 1967 wurde ein Erweiterungsbau im ceylonesischen Stil angefügt. Er enthält im Untergeschoß Wohnräume für Gäste, die z.B. Meditationskurse besuchen, und im oberen Stock eine Bibliothek. 1957 hat die »German Dharmaduta Society« (Colombo) das Haus Dahlkes erworben, in dem während des Nationalsozialismus die religiöse Ausübung des Buddhismus verboten war. Nach dem Krieg drohte es zu verfallen. Seitdem leben dort ständig mehrere buddhistische Mönche, die im Sinne der Lehre Buddhas wirken. Sie sind in orangefarbene Gewänder gekleidet und halten regelmäßig Vorträge und veranstalten gemeinsame Meditationen. Die allabendlichen Meditationen und die Nutzung der Bibliothek sind auch für die Öffentlichkeit möglich. Informationen zum Programm des Buddhistischen Hauses erhält man unter Tel. 401 55 80.

Frohnau war und ist bis heute auch ein Wohnort für Künstler und Intellektuelle geblieben. Vor dem Zweiten Weltkrieg scherzten die Berliner mit dem Ausspruch: »Die halbe Berliner Oper wohnt in Frohnau.« In der Tat war Frohnau eine bevorzugte Wohnlage für Sänger – wie G. Ditter,

Im Garten des Buddhistischen Hauses

Bahnhof Frohnau, Casino-Turm, Ludolfinger Platz

E. Habich, G. Pistor und Maria Müller (verehel. Reichenauer). Zu den berühmten Persönlichkeiten Frohnaus zählten u. a. Carl Einstein (1885 bis 1940), wohnhaft Zeltinger Straße 54, der 1926 die »Kunstgeschichte des 20. Jahrhunderts« verfaßte und als Kommunist am Spartakus-Aufstand und am Spanischen Bürgerkrieg teilnahm, oder auch die Dichter Eberhard König (Artuswall 4), Werner Jansen (An der Buche 4), Walter von Molo und der Schriftsteller Oskar Loerke (1884–1941), an dessen ehemaligen Wohnhaus in der Kreuzritterstraße 8 eine Gedenktafel zu seinen Ehren hängt. Zu den heute in Frohnau lebenden Prominenten zählen unter anderem der in Frohnau geborene Sänger und Liedermacher Reinhard Mey und der unter seinem Pseudonym -ky bekannte Krimiautor Horst Bosetzky.

LÜBARS

Umgeben von Feldern und Wiesen ist Lübars, das letzte noch weitgehend erhaltene Dorf Berlins. Es ist von Blankenfelde im Bezirk Pankow über die Blankenfelder Chaussee, von Westen über den Zabel-Krüger-Damm (Bus 222) oder von Süden über die Quickborner Straße zu erreichen. Bahnen fahren hier nicht. Will man zu Fuß gehen, so bietet sich ein schöner Wanderweg an, der von Alt-Hermsdorf nur wenige Meter vom Heimatmuseum entfernt am kleinen und großen Tonstich immer am Rand des Landschaftsschutzgebietes Tegeler Fließ entlang bis zur Veltheimstraße führt. Dort biegt man, von Hermsdorf kommend, rechts ab und überquert auf dem Naturlehrpfad – einer aus Holzbalken gefertigten Brücke – das Fließ und gelangt von dort nach einem etwa 20 minütigen Spaziergang über die Fließwiesen an Pferdekoppeln vorbei zum Dorf Lübars. Alle, die gern eine größere Tour unternehmen wollen, können sie in Tegel an der Mündung des Tegeler Fließes beginnen und gelangen über Tegel und Waidmannslust parallel zum Fließ nach Alt-Hermsdorf und setzen dort die Wanderung wie oben beschrieben fort.

Ein kleiner Rundgang durch Alt-Lübars lohnt sich. Wenn man die enge Dorfeinfahrt passiert hat, kann man einen Blick auf die Stuckfassade des Wohnhauses Nr. 5 von 1878 werfen, die den ortstypischen Rechteckhof zur Straße abschließt. Beim Weitergehen öffnet sich nun das Rechteckangerdorf von Lübars. In dem Haus Nr. 6 praktizierte jahrelang der wahrscheinlich letzte Landarzt der Großstadt, der »Do-Do« (Dorf-Doktor) Friedrich Rathenow. In den sechziger Jahren wurde er durch seinen Privatzoo und vor allem durch den zahmen Kaiseradler »Yank« stadtbekannt. Die Familie Rathenow ist seit Jahrhunderten im Dorf ansässig. Im Haus Alt-Lübars Nr. 8 befindet sich der »Dorfkrug«, der 1996 sein 100jähriges Bestehen feierte. Die älteste urkundliche Erwähnung des Kruges geht auf das Landbuch Kaiser Karls IV. (1375) zurück. Man sollte sich hier eine Verschnaufpause bei einer guten Mahlzeit gönnen. Im dem Gasthaus angegliederten »Labsaal«, dem ehemaligen Tanzsaal des Dorfkruges, wird heute durch den Verein »Natur und Kultur« am Wochenende und an Abenden ein anspruchsvolles Kulturprogramm mit Klezmermusik, Theateraufführungen und Musikveranstaltungen angeboten. Das Programm erfährt man unter Tel. 402 90 13. Der etwas nach hinten versetzte, rechts sich anschließende Hof Alt-Lübars Nr. 9 aus dem Jahre 1890 fällt durch die schöne Stuckfassade des Wohnhauses auf. Hier befindet sich die Sauerkrautfabrik W. Kurth, der einzige industrielle Betrieb des Dorfes.

Die Dorfkirche von Lübars wurde drei Jahre nach dem Brand von 1790 an der Stelle des Vorgängerbaus aus Fachwerk errichtet. Sie besteht aus einem schlichten Rechtecksaal und einem angebauten Westturm mit einem vierseitigen Pyramidendach. Die Außenseite der Dorfkirche ist durch glatte und gequaderte Lisenen gegliedert. Kruzifix, Altarleuchten und eine Eichentruhe stammen aus älteren Zeiten. Der barocke Kanzelaltar war 1739 von Friedrich Wilhelm I. ursprünglich der Gertraudenkirche am Spittelmarkt gestiftet worden. Nach dem Abriß der Kirche gelangte er in den Betsaal des St. Gertraudenstifts in Berlin-Kreuzberg. Nach dem Umbau des Stifts in ein Krankenhaus wurde der Altar auf dem Dachboden deponiert, wo er sich fast 70 Jahre befand. Nach der Renovierung der Lübarser Kirche in den Jahren 1954 bis 1956 gelangte er hierher.

Vor der Dorfkirche befindet sich auf dem Anger der Dorffriedhof. Die letzten Beerdigungen erfolgten hier 1932; einige Grabsteine tragen die Namen weiterer Bauernfamilien des Dorfes: Qualitz, Kühne, Zabel-Krüger. Auch der Förster Bondick liegt hier begraben, der um 1875 den

Ortsteil Waidmannslust auf ehemals Lübarser Bauernland gegründet hatte.

Hinter der Kirche liegt die Dorfschule (1906); auch sie hat, wie die Kirche, Vorgängerbauten gehabt. 1744 wird der erste »Schneider, Küster und Lehrer« Michael Schulze urkundlich erwähnt. Seit 1977 wird nur noch der Schulbau von 1935 in der Straße Am Vierrutenberg für Unterricht genutzt. Von hier aus wird auch der Bauerngarten der alten Dorfschule betreut. Direkt hinter der Dorfschule liegt das Spritzenhaus mit einem angefügten Steigeturm. Lübars hat bis auf den heutigen Tag noch eine der letzten freiwilligen Feuerwehren Berlins.

Schräg gegenüber dem ehemaligen Schulhaus an der Ausfahrt in Richtung Blankenfelde liegt auf dem Grundstück Alt-Hermsdorf 15 der Kräuterhof, wo man die gärtnerische Arbeit einer Behindertengruppe beobachten und frische Kräuter oder andere landwirtschaftliche Produkte erwerben kann. Nach telefonischer Vereinbarung (Tel. 402 40 70) sind hier auch Führungen möglich.

Auf der gegenüberliegenden Seite des Dorfes befindet sich das ehemalige Schäferhaus (Alt-Lübars 20), wo sich bis in die achtziger Jahre das weit über die Lübarser Grenzen hinaus bekannte Gasthaus »Zum lustigen Finken« befand. Das Restaurant wurde um die Jahrhundertwende von Studenten bei ihren Wanderungen in der Umgebung Berlins entdeckt. Sie machten es zu ihrem Treffpunkt, da die Burschenschaftler wegen der großen Entfernung bis zur nächsten Polizeistation hier ungehindert ihre verbotenen Fechtkämpfe austragen konnten. Ein runder Stammtisch mit zahllosen Einritzungen, der sich hier bis zur Schließung des Lokals befand und heute in dem Lokal »Fließtal-Reithalle« am Zabel-Krüger-Damm – einige Meter von Alt-Lübars entfernt – bewundert werden kann, erinnert noch an diese Zeiten.

Neben dem Hof Alt-Lübars Nr. 21, der 1844 erbaut worden ist, befindet sich das letzte reetgedeckte Haus des Dorfes, ein ehemaliges Hirtenhaus, das dem Besucher heute den Eindruck vermittelt, wie die Kossäten- und Büdnerhäuser des 18. und frühen 19. Jahrhunderts ausgesehen haben könnten.

Das Haus Alt-Lübars Nr. 25 wurde 1882 erbaut und hat eine neoklassizistische Stuckfassade, die in ähnlicher Form bei den Häusern Alt-Lübars Nr. 23, Nr. 9 und Nr. 5 zu beobachten waren. Hier befand sich schon seit Jahrhunderten der Lehnschulzenhof. Der letzte Lehnschulze Zabel-Krüger übte dieses Amt bis 1874 aus; bis 1892 war er dann Gemeindevorsteher von Lübars. Der Zabel-Krüger-Damm, der von Waidmannslust nach Lübars führt, wurde nach ihm benannt.

Am engen westlichen Dorfeingang liegt – man kann meistens einen Blick durch das geöffnete Tor werfen – der Reiterhof Kühne/Sironski (Alt-Lübars Nr. 27). Besonders sehenswert ist hier die alte Lehmfachwerkscheune auf der linken Hofseite. Als Verbandsvorsitzender kümmerte sich Joachim Kühne, dessen Familie seit Generationen in Lübars ansässig ist, einige Jahrzehnte lang um die Belange der Berliner Landwirte.

Lübars ist nicht nur das einzige erhalten gebliebene Dorf innerhalb der Stadtgrenzen Berlins, sondern auch das älteste Dorf des Bezirkes Reinickendorf. Aus dem Jahre 1247 stammt die erste urkundliche Erwähnung, in der die Markgrafen Johann und Otto dem Spandauer Benediktinerinnenkloster die »Beuth«, den Honigertrag der Wildbienen aus Lübars, überlassen.

Die erste Erweiterung des Dorfes erfolgte 1850, als Lübarser Bauernsöhne und zugezogene Handwerker die Siedlung »Vogtland« vor dem eigentlichen Dorf gegründet hatten. Die alten Flurnamen von Lübars leben heute noch in einigen Straßennamen weiter, wie z. B. Am Vierrutenberg, Im Vogtland, Am Wiesenende oder auch die Rollberge.

Auf Grund der Tonvorkommen wurde in Lübars nach 1840 die Kühnsche Ziegelei am heutigen Zehntwerderweg und 1854 eine große Ziegelei an der Benekendorffstraße, dem einstigen Hermsdorfer Weg, gegründet. Letztere war bis 1924 in Betrieb. Sie besaß einen großen Ringofen, dessen Turm im Jahre 1932 gesprengt wurde. Die Ziegelei lieferte einst Baustoffe für die schnell wachsende Stadt. An sie erinnern heute der Ziegeleisee, an dem sich das Freibad Lübars befindet, und Straßennamen wie z. B. Tonstich-, Ziegelei- und Mergelweg. In der Benekendorffstraße 115 befindet sich heute noch ein Gebäude, das zu der alten Lübarser Ziegelei gehörte. Von der Kühnschen Ziegelei, die bereits im 19. Jahrhundert ihre Produktion einstellte, existieren keine Spuren mehr.

Nach der Eingemeindung 1920 in die Großstadt Berlin entstanden verschiedene Siedlungen wie z. B. 1921 die Kriegsheimstätten-Siedlung am Zabel-Krüger-Damm oder 1935 die AEG-Siedlung auf dem Kienwerder.

Wegen der abgeschnittenen Lage nach dem Mauerbau 1961 und der wirtschaftlichen Umstrukturierung von Landwirtschaft auf Pferdehaltung und Reitsport, konnte sich das historische Dorfensemble von Lübars weitgehend bis heute erhalten. Lübars ist das einzige Berliner Dorf, in dem es noch bäuerliche Familienbetriebe gibt.

Die Urkunden, in denen die Abgaben der Untertanen gegenüber dem Landesherren festgelegt wurden, belegen, daß Landwirtschaft und Handwerk einst die Haupterwerbszweige der Bevölkerung bildeten. Interessant in Lübars ist, daß sich Bauernhöfe über Generationen in einer Familien erhalten haben. So tauchen z. B. in dem ersten Einwohnerverzeichnis von Lübars von 1590 Familiennamen wie Neuendorf, Rathenow und Rabe auf, die sich bis in unser jetziges Jahrhundert bzw. bis in die Gegenwart erhalten haben, so daß die NS-Machthaber 1934 Lübars als »Musterdorf« im Sinne des damaligen Erbhofgesetzes betrachteten.

Nach dem Rundgang durch das alte Dorf lohnt auf jeden Fall ein Spaziergang über die feuchten Fließtalwiesen. Nach schweren anhaltenden Regengüssen im Herbst und Frühwinter 1974/75 verwandelte sich das Fließtal in einen großen See – ein Naturphänomen, das sich vor der Regulierung des Tegeler Fließes häufig ereignete.

Wenn man am Westausgang des Dorfes den Weg entlangschreitet, der zwischen Pferdekoppeln und Wiesen zum Eichwerdersteig führt, erblickt man im Nordosten den Höhenrücken des Kindelgebietes in Glienicke mit einem schönen abwechslungsreichen Panorama. Bei Lübars ist das Fließ nur ein Wiesenbach, der mäandrierend die Wiesen und Moore durchfließt. Im Tegeler Fließ findet man 17 von insgesamt 29 Berliner Fischarten, neben dem Hauptfisch, der Plötze, vor allem Karpfen, Schlei, Hecht, Aal und Zander.

Eine weitere Sehenswürdigkeit wird dem Besucher östlich von Lübars geboten. Am Schildower Weg, der durch die sogenannten Flachmoorwiesen führt, stößt man einige hundert Meter vom Dorf entfernt auf die letzte freisprudelnde Quelle Berlins, die »Osterquelle«. An einer Schichtgrenze zwischen Lehm und Kies ergießt sich die Quelle mit sieben Litern pro Sekunde und einer Durchschnittstemperatur von neun Grad Celsius. Bereits in den »Historischen Beschreibungen der Chur und Mark Brandenburg« von 1751 wird die Quelle erwähnt.

Die Landschaft rund um Lübars zeichnet sich durch eine artenreiche Tierwelt aus. Es gibt hier z. B. über 70 Brutvogelarten, über 50 Durchzügler und Gäste, über 30 Libellen- und Mückenarten, über 15 Fischarten und über zehn Vertreter von Amphibien und Reptilien. In Lübars findet man Blindschleichen, Ringelnattern, Waldeidechsen, Zauneidechsen, Erdkröten, Grasfrösche, Moorfrösche, Teichfrösche und Wechselkröten.

Südlich von Lübars, über die Quickborner Straße zu erreichen, wurde in den achtziger Jahren der Freizeit- und Erholungspark Lübars eröffnet. Das Gelände war ursprünglich eine Mülldeponie, die direkt an der Berliner Mauer lag, der heutigen Bezirksgrenze zwischen Reinickendorf und Pankow. Die Deponie wurde nach dem damaligen »Müllabkommen« mit der DDR geschlossen und ab 1975 in einen Freizeit- und Erholungspark umgewandelt. Das Zentrum bildet heute ein Müllberg mit 35 Metern Höhe, auf dem man im Winter Ski fahren oder rodeln kann. Vom Gipfel hat man eine herrliche Aussicht in die Fließtallandschaft und über Felder und Wiesen nach Blankenfelde, Rosenthal und Schildow. Im Süden und Südwesten des Müllberges erstreckt sich das Märkische Viertel. Neben Liege- und Spielwiesen besitzt der Park ein ausgedehntes Wander-, Reit- und Radwegenetz.

1984 wurde direkt am Rand des Freizeit- und Erholungsparks die Jugendfarm Lübars in der Alten Fasanerie eröffnet. Unter Leitung des damaligen Gartenbauamtes Reinickendorf (heute: Natur- und Grünflächenamt) entstand im Norden der Stadt ein ganz normaler Bauernhof, in dem der Besucher (Kinder, Jugendliche und Erwachsene) eingeladen wird, den bäuerlichen Alltag mitzuerleben. Zu der Jugendfarm gehören Stallungen und Weiden für Tiere, Arbeitsräume, in denen man das Spinnen, Weben, Töpfern, die Imkerei und andere alte Handwerkstechniken erlernen kann, ein selbstgemauerter Steinofen zum Brotbacken und eine rustikal eingerichtete Tenne, in der man bei gutem Bier zünftig speisen kann. Von seiten der Jugendförderung des Bezirksamtes Reinickendorf werden mehrere Feste pro Jahr mit Ständen von privaten Gruppen, Initiativen und Vereinen mit kulinarischen Genüssen und kulturellem Angebot veranstaltet.

Für Schulklassen besteht die Möglichkeit, nach Anmeldung auch an Führungen teilzunehmen. Speziell für Grundschulklassen und Kindertagesstätten werden Kurse, insbesondere im Fach Biologie, über die Beobachtung von Verhaltensweisen bei Tieren, Fortpflanzung der Tiere, Unterschiede zwischen Zoo- und Haustieren, Anpassung von Vögeln, Körperbau von Säugetieren und Vögeln usw. dargelegt. Die Jugendfarm Lübars (Quickborner Straße, Alte Fasanerie) ist über S- und U-Bahn Wittenau mit dem Bus 124 bis zur Endstation zu erreichen. Geöffnet ist die Jugendfarm Dienstag bis Freitag von 9 bis 19 Uhr (im Winter bis 18 Uhr) und an Sonn- und Feiertagen von 10 bis 17 Uhr sowie am Montag, aber nur für angemeldete Gruppen (Tel. 415 70 27).

WAIDMANNSLUST

Westlich von Lübars schließt sich – eng mit der Geschichte des letzten Berliner Bauerndorfes verwoben – der Wohnort Waidmannslust an, den man entweder mit dem Bus 222 von Tegel oder Lübars oder mit dem Bus 421 von Frohnau oder Charlottenburg aus, am besten jedoch mit der S-Bahn (S 1 und S 2) erreichen kann.

Die Entstehung verdankt die einstige Sommerfrische und Villenkolonie dem auf dem Hermsdorfer Gut arbeitenden Förster Bondick, der das Land von der Lübarser Bauernwitwe Knobbe 1875 erwarb. Nach dem Tode ihres Mannes war sie gezwungen, 64 Morgen zu verkaufen, um die Erben auszuzahlen. Bondick, der das Land für seinen Gutsbesitzer Leopold Lessing erwerben sollte, kaufte das gesamte Areal, das sehr günstig am Tegeler Weg (heute: Waidmannsluster Damm) lag, für sich selbst und errichtete inmitten des Waldes ein mit Reh- und Hirschgeweihen geschmücktes Wirtshaus (heute: Waidmannsluster Damm 144), das er »Waidmannslust« nannte. Wegen der nahegelegenen Bahn, an der 1884 eine Haltestelle eingerichtet wurde, entwickelte sich Waidmannslust zunächst zu einem Ausflugsort und sehr bald zu einem Berliner Vorort, anfangs mit Villen- und Landhäusern und in den folgenden Jahrzehnten mit größeren Wohnsiedlungen.

Bis 1994 befand sich in der Villa in der Bondickstraße 1 die Residenz

Der »Alte Dorfkrug« von Lübars

Die Königin-Luise-Kirche in der Bondickstraße

des französischen Generals. Der terrassenförmige Garten dieses Anwesens erstreckt sich bis zum Waidmannsluster Damm.

Das 1903 für den Bankdirektor Noelte errichtete Landhaus in der Dianastraße 42–43, das in den dreißiger Jahren dem Schokoladen- und Bonbonfabrikanten Julius Schönborn gehörte, ist nach mehreren Umbaumaßnahmen heute die Residenz des französischen Botschafters. Bei wichtigen politischen oder kulturellen Ereignissen erkennt man als Spaziergänger an der gehißten französischen Trikolore, daß der Botschafter in Berlin weilt. Im Nachbargebäude in der Dianastraße 44–46 befindet sich der Dienstsitz des französischen Gesandten.

Das einzige Wahrzeichen, das man insbesondere im Winter von der S-Bahn aus sieht, wenn die Bäume ihre Blätter verloren haben, ist der Turm der Königin-Luise-Kirche in der Bondick-/Ecke Hochjagdstraße, die 1912/13 auf einem eiszeitlich gebildeten Moränenrücken errichtet wurde. Die Kirche besteht aus Rüdersdorfer Kalksteinen und Klinkersteinen aus Rathenow. Ihr Turm wurde dem Rathaus von Tangermünde nachempfunden. Dies entsprach dem Wunsch der Kaiserin Auguste Viktoria, die die Protektorin des Evangelischen Kirchbauvereins gewesen war. Die Außenwand ziert ein frühchristliches Sandsteinrelief aus der Zeit um 1200. Vor der Kirche wurde zur 50-Jahr-Feier von Waidmannslust 1925 ein Jubiläumsbrunnen errichtet. Die Kirche selbst erhielt 1958 vier neue Glocken und 1958 eine neue Orgel.

Ein weiteres architektonisches Zeugnis der ersten Jahrzehnte von Waidmannslust ist die 1901 errichtete Schule in der Artemisstraße 22/26 (heute: Münchhausen-Grundschule), die einst als eines der schönsten Schulgebäude des Berliner Nordens gepriesen wurde. Das ursprünglich recht pompös errichtete Gebäude mit seinen Backsteingiebeln, seiner Freitreppe und den hellen Klassenräumen kann heute noch besichtigt werden. Das ehemals freistehende Gebäude ist nach dem Zweiten Weltkrieg durch Anbauten ergänzt worden.

An der Dianastraße/Ecke Fürst-Bismarck-Straße kann man ein recht schönes, gut erhaltenes Jugendstilwohnhaus, das sog. Fürst-Bismarck-Haus, bewundern. In der Nische der Eckfassade befand sich einst ein Standbild Bismarcks, das 1945 entfernt worden ist.

Waidmannslust wird heute durch den Waidmannsluster Damm (östliche Verlängerung: Zabel-Krüger-Damm) in zwei Ortsteile zerschnitten. Nach Norden bildet das Fließ die Grenze zu Hermsdorf. In der Nähe des S-Bahnhofs hat sich an der Cyclopstraße ein 1886 errichtetes Alt-Berliner Pissoir erhalten.

Trotz der ursprünglichen Idee einer Villen- und Landhauskolonie hat sich Waidmannslust, nachdem bereits ab 1895 die ersten mehrstöckigen Mietshäuser gebaut worden waren, zu einem gehobenen Wohnvorort mit gemischter Bebauung entwickelt.

In den Jahren 1966 bis 1972 wurde zwischen dem Zabel-Krüger-Damm entlang der Schluchsee- und Titiseestraße die Rollberge-Siedlung, eine Neubau-Wohnanlage mit über 2000 Wohnungen, errichtet, die in ihrem Äußeren den Mietwohnbauten des Märkischen Viertels ähnelt. Verschiedene Architekten wie Josef Paul Kleihues, Heinrich Moldenschardt u. a. entwarfen einzelne Bauten. Das 22geschossige Doppelhochhaus an der Titiseestraße stammt von Hans Scharoun, nach dessen Plänen z. B. auch die Berliner Philharmonie errichtet worden ist.

HERMSDORF

Hermsdorf erreicht man am schnellsten mit der S-Bahn (S 1 und S 2) oder mit dem Bus 421. Wo um die Jahrhundertwende noch Tausende von Ausflüglern in den Wäldern rund um Hermsdorf spazieren gingen und die berühmten Ausflugslokale wie das »Waldschlößchen« mit seiner bengalischen Grotte, dem künstlichen Wasserfall, dem Aussichtsturm und den Tanzsälen für 7000 Personen aufsuchten, ist heute Ruhe eingekehrt. In der parallel zur S-Bahn verlaufenden Heinsestraße kann man heute seine alltäglichen Besorgungen in den Lebensmittelläden, der Post, den Banken und den verschiedenen Geschäften erledigen, ohne dabei dem sonst so üblichen Streß einer Metropole zu unterliegen. Man findet dort Ärzte, verschiedene Restaurants, Cafés, Imbißläden und auch zwei Buchhandlungen.

Hermsdorf besitzt eine mittlere bis gute Wohnlage beiderseits der S-Bahn und wird beschrieben als »eine freundliche Landhauskolonie mit

Ein- und Mehrfamilienhäusern älterer Bauart, teilweise auch mit Villen und einzelnen vier- bis sechsstöckigen Wohnblocks. Gewerbe gibt es hier überhaupt nicht, wenn man von einigen Läden in der Nähe des S-Bahnhofs absieht. Die ruhigen Seitenstraßen strahlen bürgerliche Behaglichkeit aus. Im Bereich östlich der S-Bahn-Linie gibt es noch einige schöne märkische Bauernhäuser aus dem 18. und 19. Jahrhundert. Das ganze Viertel ist stark durchgrünt.« (Quelle: Berlin Real Estate, Reinickendorf www.three-point.de/immobilien/m rein.html.)

Hermsdorf wurde im Verlauf des 13. Jahrhunderts gegründet und blieb bis zum Ende des 19. Jahrhunderts ein Bauerndorf. Auf Grund der Tonvorkommen wurde nach 1836 vom Besitzer des Gutes Hermsdorf eine Ziegelei errichtet, die in den sechziger Jahren des 19. Jahrhunderts noch um eine Zement- und Tonwarenfabrik erweitert wurde, die auch Baukeramik herstellte. Verblendsteine der »Cement- und Thonwarenfabrik Hermsdorf AG« wurden unter anderem auch in den Innenfassaden des Berliner Rathauses (»Rotes Rathaus«) im Bezirk Mitte verwendet. Bereits 1880 mußte die Fabrik Konkurs anmelden. In den Fabrikräumen befand sich von 1883 bis in die sechziger Jahre hinein das Ausflugs- und Gartenlokal »Seeschloß« mit Tanzsaal und Kegelbahn. Man kann die Spuren dieser frühen Fabrik in einem rein ländlich geprägten Gebiet während eines kleine Spazierganges durch Alt-Hermsdorf heute noch entdecken. Folgt man von der Berliner Straße (B 96) aus der Almutstraße vorbei an der alten Dorfkirche, gelangt man in die Seebadstraße. Nach ungefähr 200 bis 300 Metern erreicht man die ehemaligen Tongruben, die heute Seen sind und links und rechts der Straße liegen. Biegt man vorher in die Seestraße ein und folgt der nächsten Querstraße nach links, trifft man in der Junostraße 7a auf das sog. Arbeiterwohnhaus der ehemaligen Fabrik, das seit 1989 unter Denkmalschutz steht. Die Straße Am Seeschloß erinnert an die lange Periode des gleichnamigen Ausflugsrestaurants. Der ehemalige Schornstein der Fabrik zeugt von der industriellen Zeit Hermsdorfs.

Geht man zurück nach Alt-Hermsdorf, lohnt ein Besuch im direkt am ehemaligen Hauptplatz gegenüber der Kirche gelegenen Heimatmuseum Reinickendorf (Alt-Hermsdorf 35, 13467 Berlin, Tel. 404 40 62), geöffnet: Mittwoch bis Sonntag 10 bis 18 Uhr). Das Heimatmuseum

Die Kirche Alt-Hermsdorf

Das Heimatmuseum Reinickendorf

Reinickendorf wurde im Jahre 1980 im ehemaligen Schulhaus in Alt-Hermsdorf gegründet und übernahm die Sammlung der seit dem Jahre 1959 im Gutshaus Wittenau existierenden heimatkundlichen Schau, die wiederum ihren Vorläufer in der ersten heimatkundlichen Ausstellung im Reinickendorfer Realgymnasium in der Berner Straße (heute Friedrich-Engels-Oberschule in der Emmentaler Straße) im Jahre 1930 hatte. Die über 60jährige Sammlungsperiode sowie zahlreiche Schenkungen und Neuerwerbungen von 1980 bis heute haben den Fundus des Heimatmuseums so vergrößert, daß es heute als das zentrale Archiv zur Geschichte Reinickendorfs bezeichnet werden kann.

Das für die Öffentlichkeit nutzbare Regionalarchiv umfaßt mehrere tausend Fotos und Dias, über 1000 Negative, Bildplatten und Postkarten, einige Urkunden, Landkarten und etwa 3000 Zeitungsartikel zur Geschichte des Bezirkes. Es wird durch eine öffentlich nutzbare Präsenzbibliothek mit einem Bestand von etwa 4000 Büchern ergänzt. Neben der Literatur zur Geschichte Reinickendorfs und des Berliner Raumes befinden sich auch zahlreiche unveröffentlichte Manuskripte, Denkschriften, Festschriften, Prospekte, Arbeitsergebnisse von Projektgruppen usw. in der Bibliothek. Das Ausleihen von Fotos ist möglich.

Die ständige Ausstellung erstreckt sich auf teilweise ineinander übergehende Räume im Erd-, Ober- und Kellergeschoß. Thematisch untergliedern sich die Räume folgendermaßen: Im Erdgeschoß sind die Abteilungen Vor- und Frühgeschichte, Handwerk/Industrie und Verkehr untergebracht, das Obergeschoß beschäftigt sich mit Geographie, mittelalterlicher und neuerer Geschichte Reinickendorfs und stellt inszenierte Räume zur Schau: Bauernstube, Klassenzimmer, Biedermeierzimmer und Jägerstube. Im Kellergeschoß geht es weiter mit der Berliner Arbeiterküche von um 1920 und der Waschküche. Im Hof gibt es ein germanisches Gehöft aus Wohn-/Stallhaus, Spinn- und Webhaus und Speicher zu sehen, außerdem gibt es dort ein Gerätehäuschen für landwirtschaftliche Geräte. Das Treppenhaus beheimatet eine Galerie.

Die Dauerausstellung und Sonderausstellungen können von Schulklassen besucht werden. Wird eine Führung gewünscht, so kann man sich unter Tel. 404 40 62 anmelden. Zur Zeit besuchen etwa 80 bis 120 Schulklassen pro Jahr das Museum, die Besucherzahl insgesamt (einschließlich der Gruppen) liegt bei 15 000 pro Jahr.

Es finden zahlreiche Veranstaltungen und Fortbildungskurse des Vereins »Jugend im Museum e. V.«, des »Fördervereins für Kultur und Bildung in Reinickendorf e. V.« und schulische AGs statt. Alle zwei Jahre veranstaltet der Förderverein in Verbindung mit dem Heimatmuseum, dem Kunstamt und der Musikschule ein Museumsfest, bei dem Arbeitsgruppen des Vereins alte Handwerkstechniken zeigen. Während des letzten Museumsfestes 1996 mit etwa 5000 bis 8000 Besuchern wurden u. a. den Kindern am Lagerfeuer Märchen vorgelesen, es wurde getöpfert, Naturkosmetik hergestellt. Mit einem durchgehenden Musikprogramm und zahlreichen lukullischen Spezialitäten zwischen französischer Küche und germanischem Met wurden vor allem die Arbeiten der Vereine präsentiert und die Sehenswürdigkeiten des Museums bestaunt.

Das Heimatmuseum veranstaltet pro Jahr drei bis vier Wechselausstellungen zu unterschiedlichen Themen der Geschichte des Berliner Nordens und des Umlandes, darunter auch Kunstausstellungen und eine geschichtliche Hauptausstellung mit Katalog, in der auch neue Forschungsergebnisse zur Regionalgeschichte und Geschichte Berlins präsentiert werden.

Gegenüber dem Heimatmuseum befindet sich Almut-/Ecke Berliner Straße die alte Hermsdorfer Dorfkirche, ein rechteckiger Putzbau mit drei hohen Rundbogenfenstern an den Längsseiten und einem mit barocken Formen gegliederten Turm, die 1830 errichtet und bereits 1904 wieder abgerissen werden sollte. Das verhinderte jedoch der Provinzialkonservator, und deshalb wurde die Kirche 1909 mit weiteren Anbauten versehen. In der Nähe der Kirche befinden sich in Alt-Hermsdorf Nr. 2/3, 8, 10, 11 und 27 noch Bauernhäuser, die aus der zweiten Hälfte des 19. Jahrhunderts stammen.

Der ungewöhnliche dreieckige Dorfanger und archäologische Funde unterstützen die Hypothese, daß Hermsdorf bereits in slawischer Zeit, d. h. vor der legendären Dorfgründung von »Hermannstorp« durch einen Siedelmeister im 13. Jahrhundert, gegründet wurde. Nach einer Karte von 1699 lag Hermsdorf auf einer Halbinsel, die vom Hermsdorfer See, der heute noch südlich des Dorfes als Verbreiterung des Tegeler Fließes existiert, umgeben war. Der heutige Ortskern von Alt-Hermsdorf entstand erst während der Dorferweiterung des 18. Jahrhunderts, als sich König Friedrich II. von Preußen zwischen 1740 und 1786 durch Ansiedlung von Ausländern bemühte, die seit dem Dreißigjährigen Krieg wüst liegenden und unterentwickelten Gebiete in der Mittelmark zu stärken, um die wirtschaftliche und militärische Kraft des preußischen Staates zu kräftigen. Unter dem letzten jüdischen Gutsbesitzer Leopold Lessing sollte sich Hermsdorf zu einem Kurort entwickeln. Obwohl seine Pläne nach der Erschließung einer Solquelle (an der heutigen Solquellstraße) im Jahre 1889 scheiterten, trug er maßgeblich dazu bei, daß sich Hermsdorf nach der Anbindung an den Berliner Vorortverkehr im Jahr 1891 zu einem Villen- und Wohnvorort entwickelte. In Alt-Hermsdorf erinnert ein Gedenkstein an ihn.

Mit der Entwicklung zum Wohnvorort und zur Sommerfrische für die Berliner erhöhte sich die Einwohnerzahl Hermsdorfs schlagartig bis auf 6000 Einwohner in den zwanziger Jahren (1996: 17 051 Einwohner). Neben wohlhabenden Bürgern zogen auch Künstler nach Hermsdorf. Zu den prominentesten unter ihnen zählt der berühmte Maler Max Beckmann (1884–1950), der nach 1908 einige Jahre in der Ringstraße 8 lebte und in dem bis heute noch erhaltenen Haus sein Atelier hatte. Aus seiner Hermsdorfer Zeit befinden sich unter anderem Gemälde vom Bau des Hermsdorfer Wasserturmes im Städelschen Kunstinstitut und in der Städtischen Galerie in Frankfurt am Main.

Bis heute sind viele Villen und Landhäuser in der Nähe des S-Bahnhofs Hermsdorf erhalten. Es lohnt ein Spaziergang entlang der Schloßstraße, östlich des S-Bahnhofes. In einem Mietswohnhaus in der Schloßstraße 17 wohnte von 1902 bis 1908 der Schriftsteller und Politiker Gustav Landauer (1870–1919). Als Theoretiker des anarchistischen Sozialismus war er 1918/19 Mitglied der Münchner Räteregierung als Volksbeauftragter für die Volksaufklärung. Beim Einmarsch der gegenrevolutionären Truppen wurde er verhaftet und wenige Tage später im Münchner Gefängnis Stadelheim ermordet.

Folgt man auf der westlichen Seite der Heinsestraße in nördlicher Richtung, stößt man auf den Falkentaler Steig. Dort findet man eine Villa, die eng mit der Geschichte der Juden in Reinickendorf und ihrem traurigen Schicksal während des Dritten Reiches verknüpft ist. In dem Landhaus Falkentaler Steig 16 befand sich von 1926 bis 1930 das »Waisenhaus des Frauenvereins von 1833 zum Besten israelitischer Waisenmädchen«, von 1931 bis 1935 das »Jüdische Kinderheim und Jugendheim Hermsdorf« und ab 1935 bis 1938 die Synagoge des »Jüdischen Religionsvereins für die nördlichen Vororte«. 1942/43 war diese Villa ein sogenanntes »Judenhaus«, von dem mindestens 13 Menschen in die Vernichtungslager deportiert worden waren. Der Loerkesteig, ein kleiner Weg, der vom Falkentaler Steig abgeht und über die S-Bahn nach Frohnau führt, erinnert an den Lyriker, Essayist und Literaturkritiker Oskar Loerke (1884–1941), der Lektor im S. Fischer Verlag und bis 1933 Sekretär der Sektion für Dichtkunst der Preußischen Akademie der Künste gewesen war. Eine Gedenktafel befindet sich an seinem Wohnhaus in der Kreuzritterstraße 8 in Frohnau.

Am nördlichen Ende des Falkentaler Steiges, über die Frohnauer Straße 111/122 zu erreichen, befindet sich der Friedhof Hermsdorf mit dem 1909 errichteten 25 Meter hohen und mit Zinnen bekrönten Wasserturm. Bereits in den zwanziger Jahren, als die Gemeinde Hermsdorf an das Wasserleitungssystem Berlins angeschlossen wurde, verlor der Wasserturm seine Funktion. Heute ist der Turm, der im Zweiten Weltkrieg als Ausguck der Luftwaffe für die Flugzeugbeobachtung genutzt wurde, ein technisches Denkmal. Die Gesamtanlage des parkähnlichen repräsentativen Friedhofs stammt von dem Gartenarchitekten Ludwig Lesser (1869–1957), das imposante Torgebäude vom Haupteingang im Westen wurde vom Architekten Dietz 1912 errichtet.

TEGELORT UND KONRADSHÖHE

Auf der Gemarkung von Heiligensee entwickelten sich im letzten Viertel des 19. Jahrhunderts die Vorortsiedlungen Tegelort, Joersfelde und Konradshöhe. Die älteste Kolonie ist Konradshöhe, wo sich 1868 ein Gehöft mit 45 Morgen befand. Es folgten Tegelort im Jahre 1872 und Joersfelde 1891. Bereits um 1900 übten sie eine große Anziehungskraft auf die Berliner Sommerfrischler aus. Joersfelde, die ehemalige dritte Kolonie zwischen Konradshöhe und Tegelort, lag einst auf dem Terrain, das durch die Luisenstraße und den Edeltraudweg und der heutigen Buntspecht- und Marlenestraße begrenzt wird. Der Name geht auf den Gründer, den Berliner Mützenfabrikanten Otto Joers, zurück und war bis in die vierziger Jahre hinein gebräuchlich. Heute erinnern nur noch eine Straße in Tegelort und der Joersfelder-Segel-Club an die einstige Kolonie.

Tegelort erreicht man mit dem Bus 222 vom U-Bahnhof Alt-Tegel aus. Die ehemalige Kolonie, die 1997 125 Jahre alt geworden ist, verblieb trotz zahlreicher Veränderungen ein Wohn- und Ausflugsort, wenn auch viele der einstigen alten Gebäude neuerer Bebauung weichen mußten. 1935 wurde in der Nähe des Lokals »Seegarten« eine Werksangehörigen-Siedlung der Firma »Rheinmetall-Borsig GmbH« errichtet. Die zahlreichen Ausflugslokale der ehemaligen »Gaststättenkolonie« wie der »Seegarten«, der »Lindenbaum«, die Gastwirtschaften »Schwan«, »Bellevue«, »Seeblick« und »Heideschlößchen« sind heute alle verschwunden, da sie sich vom Ausflugsverkehr nicht mehr am Leben halten konnten. Ursachen dafür mögen wahrscheinlich die gestiegenen Grundstückspreise, die den Verkauf der Liegenschaften als Bauland begünstigt haben, die hohen Bewirtschaftungs- und Personalkosten der Restaurants, das veränderte Freizeitverhalten der Berliner und vielleicht auch die Tatsache sein, daß es auch auf den Schiffen Speisen und Getränke gibt.

Eines der bekanntesten und heute leider auch das letzte Ausflugslokal ist das »Hotel-Restaurant Igel« in der Friederikestraße 20 (Tel. 431 40 42), das sich seit 1952 in Familienbesitz befindet. Das Ausflugsrestaurant besitzt eine große Gartenterrasse mit 300 Plätzen direkt am Tegeler See in unmittelbarer Nachbarschaft zum Anlegesteg. Die Küche ist gutbürgerlich mit einer Auswahl von Fischgerichten und selbstgebackenem Kuchen zu durchschnittlichen Preisen.

Konradshöhe schließt sich nördlich an Tegelort an, ist historisch gesehen jedoch eine frühere Gründung. Das älteste Haus von Konradshöhe, die einstige Kupferschmiede von Theodor Rohmann, war ab 1891 das Ausflugsrestaurant »Konradshöher Terrassen« und wurde nach 1937, nachdem man im Inneren eine Art Tropfsteinhöhle errichtet hatte, in »Feen-Grotte« umbenannt. Dieses Ausflugs- und Varieté-Lokal mit einer eigenen Dampferanlegestelle war unter den Berlinern sehr bekannt. Im September 1979 wurde es abgerissen, und auf dem 3700 Quadratmeter großen Grundstück Steinadlerpfad 15 wurden Doppelhäuser und Eigentumswohnungen gebaut.

Wie Tegelort, so ist Konradshöhe auch heute noch von Gaststätten und Einfamilienhäusern geprägt. Zu den interessantesten Bauwerken von Konradshöhe zählt die 1939 am Schwarzspechtweg errichtete Jesus-Christus-Kirche, deren Architekt Otto Kuhlmann war, der auch für die städtebauliche Gesamtanlage des Spandauer Johannesstiftes verantwortlich zeichnete. Der Kirchenbau ähnelt äußerlich einer Dorfkirche, das Innere schmückt ein die gesamte Altarwand einnehmendes Fresko des Künstlers Rudolf Schäfer. Ein kleineres Geschäftszentrum befindet sich am Falkenplatz, dem zentralen Platz von Konradshöhe. Auf dem Platz erinnert ein Gedenkstein an die Widerstandskämpfer Richard Neumann, der drei Tage nach der sowjetischen Besetzung am 26. April 1945 von SS-Leuten erschossen wurde, weil er im Forst bei Heiligensee versteckte polnische Zwangsarbeiter mit Lebensmitteln versorgte, und Albert Brust aus Tegelort (Friederikestraße 11), der als Maschinenschlosser bei »Rheinmetall-Borsig« die dortige Betriebswiderstandsgruppe leitete und am 26. September 1944 im Zuchthaus Brandenburg hingerichtet wurde.

Vom Falkenplatz fahren die Busse 324 nach Alt-Heiligensee und 222 nach Tegel, Waidmannslust und Lübars.

HEILIGENSEE

Das Dorf liegt im Nordwesten des Bezirkes auf einer Landzunge zwischen dem Heiligensee und der Havel, die sich zum Nieder-Neuendorfer See erweitert. Während der Teilung Berlins konnte man Heiligensee von Süden her über die Sandhauser Straße von Konradshöhe, über die Heiligenseestraße und über die Ruppiner Chaussee von Tegel oder dem Kiefheider Weg, dem Autobahnabzweig Schulzendorfer Straße/Heiligensee bzw. über die von den französischen Alliierten angelegte Rote Chaussee, die direkt durch den Tegeler Forst führt und Frohnau mit Heiligensee verbindet, erreichen.

Heute darf die Ruppiner Chaussee nördlich des Schlosses Tegel nur noch bis zum Parkplatz oder mit dem Bus 124 durchfahren werden. Hinzugekommen ist jedoch nach dem Fall der Berliner Mauer die alte Verbindung zum Umland nach Hennigsdorf über die Ruppiner Chaussee.

Dem alten Dorf Heiligensee widmen sich viele Sagen, die von einem verwunschenen Schloß, welches im See versank, von der Weihung des Sees mit einem silbernen Heiligenbild alle hundert Jahre und dessen Heilkraft, Lahme wieder gehend zu machen, oder auch von einem Gespann schwarzer Stiere, die im See versanken, berichten. In der ersten urkundlichen Erwähnung Heiligensees aus dem Jahre 1308 wird von dem Verkauf einer Spandauer Wiese an das Spandauer Nonnenkloster berichtet; in einem nur wenige Jahre jüngeren Dokument von 1313 wird bereits eine Fähre erwähnt, die bis zum Jahre 1506, als man eine Brücke bei Hennigsdorf errichtete, stark frequentiert wurde.

Alt-Heiligensee hat bis heute seine Form als Angerdorf bewahrt, zum einen auf Grund der Entfernung von Berlin, zum anderen, weil es in seiner Ausdehnung – wegen seiner Lage zwischen dem Heiligensee und der Havel – weitgehend eingeschränkt war.

Sehenswert ist die alte Dorfkirche aus dem 15./16. Jahrhundert mit einem verputzten Mischmauerwerk, die an der Stelle einer mittelalterlichen Vorgängerin errichtet wurde. Der Westturm wurde 1761 angefügt. Die letzte Restaurierung 1958/59 gab dem Außenputz die barocke Gliederung. Um die Kirche herum befindet sich der alte Dorffriedhof, auf dem bereits um die Jahrhundertwende aus Angst vor Seuchen die Bestattungen verboten waren. Er wurde durch den 1908 bis 1912 errichteten Städtischen Friedhof an der Sandhauser Straße 78–130 ersetzt. Auf diesem Friedhof befindet sich auch eine Abteilung der französischen Alliierten, in der Kriegsopfer und Verstorbene der Nachkriegszeit beerdigt liegen.

Zu dem historischen Angerdorf Heiligensee gehören das neben der Dorfkirche stehende Spritzenhaus und das später angefügte Amtshaus, die alte Schmiedewerkstatt Alt-Heiligensee 61 und das hinter der Schmiede gelegene Wirtshaus Alt-Heiligensee 67 von 1869. Um die Dorfaue herum sind zahlreiche Bauern- und Kossätenhäuser mit zum Teil klassizistischen Stuckfassaden erhalten (Alt-Heiligensee Nr. 22, 76, 82/84 und

83/85). Besondere Attraktionen sind das Bürgerhaus aus Fachwerk (Alt-Heiligensee 43) aus dem 18. Jahrhundert und das um 1780 errichtete Wohnhaus eines Kossätenhofes Alt-Heiligensee 71. Auf der Ostseite des Angers, dem Heiligensee zugewandt, befindet sich das heute als Atelier und Wohnhaus umgestaltete ehemalige Straßenbahndepot (Alt-Heiligensee 73/75), das nach der Einrichtung der Straßenbahnverbindungen nach Tegel bzw. Tegelort errichtet wurde.

Seit den zwanziger Jahren wurden die Gebiete zwischen dem alten Dorf Heiligensee und der Ruppiner Chaussee bebaut. So wurde seit Anfang der dreißiger Jahre nach Trockenlegung des Geländes Neu-Heiligensee westlich der Straße Am Dachsbau von der »Heimstätten Primus mbH« und der »Gemeinnützigen Heimstättengesellschaft Tempelhofer Feld« erstellt.

In dem ehemaligen Flugwärterhäuschen am Eingang eines von 1915 bis 1919 genutzten Flugfeldes (An der Wildbahn 33) wohnte von 1938 bis zu ihrem Tode im Jahre 1978 die berühmte Malerin und Künstlerin des Dadaismus Hannah Höch.

In der Arztpraxis von Dr. Max und Dr. Maria Klesse (Am Hirschwechsel 34) befand sich während des Zweiten Weltkrieges der zentrale Treffpunkt der Widerstandsgruppe »Mannhart« (s. Kap. Wittenau, »Borsigwalde«).

Im Nordosten von Heiligensee liegt zwischen der Ruppiner Chaussee, dem Stolpmünder Weg, dem Sonnenwalder Weg und dem Kiefheider Weg die 1935 errichtete Werkssiedlung der »Gemeinnützigen Siedlungsgenossenschaft Borsigscher Werksangehöriger eGmbH« und der »Hennigsdorfer Siedlungsgesellschaft mbH« (AEG), eine reine Arbeitersiedlung, die durch kleine Häuser und winzige Vorgärten geprägt ist. Der erste Bauabschnitt wurde nach Plänen von Hermann Jansen errichtet.

Die sog. Borsig-Siedlung – der Begriff wurde für die einzelnen Siedlungsteile angewendet – grenzt im Süden an die ehemaligen Flakkasernen von 1936/37 in der Ruppiner Chaussee 268, in der sich heute die Polizei (Abschnitt 11), eine Feuerwehrschule und das Landeseinwohneramt befinden. In den Gebäuden der Kaserne, die nach dem Krieg »Centre Jeanne d'Arc« hieß, befanden sich von 1945 bis 1952 Einrichtungen der französischen Alliierten.

Einige hundert Meter südöstlich der Kaserne erstreckt sich auf einem Terrain zwischen dem Forstamt im »Tegelgrund« und der Beyschlagstraße der Ortsteil Schulzendorf.

Am 6. Juli 1772 unterschrieb der Alte Fritz die Gründungsurkunde von Schulzendorf, eine Erbpachtverschreibung, in der es heißt: »... bey dem Theer-Ofen in der Heiligenseeschen Heyde in ein einziges Etablissement unter der Benennung Schultzendorff zusammengezogen werden sollen.« Mit einem Teerofen, der zur Verschwelung von Kienholz errichtet worden war, begann die Geschichte dieses Reinickendorfer Ortsteils. Der gewonnene Teer wurde zum Schmieren der hölzernen Wagenachsen genutzt. Der Teerofen befand sich seit 1708 auf dem Apolloberg an der Ruppiner Chaussee (heute hinter der Autobahntrasse), der alten Hamburger Fernhandelsstraße. 1743 wurde in der Nähe des Teerofens ein Bierausschank mit einer Postkutschen-Versorgungsstation gebaut, die dann um eine Herberge für Durchreisende erweitert wurde. Im Jahre 1801 hatte Schulzendorf 35 Einwohner. 1822 ließ sich der Kolonist Wilhelm Neue nieder, dessen Nachkommen heute unter dem Namen Neye in Schulzendorf ansässig sind. Seit mehreren Generationen besitzen sie das Restaurant »Sommerlust«. Die Gaststätte existiert heute noch und war für viele Berliner ein bekanntes Ausflugsrestaurant, in dem man seinen Kaffee auf der gegenüberliegenden Seite der Ruppiner Chaussee in einem Garten direkt im Wald trank.

Zahlen, Daten, Adressen

CHRONIK

1247 Erste urkundliche Erwähnung von Lübars
1308 Erste urkundliche Erwähnung von Heiligensee
1322 Vereinigung der Pfarren von Tygel (Tegel) und Dalldorf (Wittenau)
1345 Erste urkundliche Erwähnung von Reinickendorf
1349 Hermsdorf ist im Besitz des Busse von Mylow
1397 Reinickendorf gehört nach Angaben des Stadtbuches zu Berlin
1410 Kampf der Berliner gegen Dietrich von Quitzow und seine Männer an der Tegeler Mühle
1632 Die Stadt Berlin verkauft Reinickendorf an den Handelsherren Peter Engel
1710 Berlin wird wieder Besitzer von Reinickendorf durch Rückkauf
1766 Gut und Schloß Tegel gelangen durch Heirat in den Besitz von Alexander Georg von Humboldt
1865 Gründung von Konradshöhe
1872 Gründung von Tegelort
1875 Gründung von Waidmannslust
1877 Fertigstellung der Nordbahn
1877/1880 Bau der Irrenanstalt Dalldorf (heute: Karl-Bonhoeffer-Nervenklinik)
1881 Die Große Berliner Pferdeeisenbahn-Gesellschaft schuf die erste Verbindung nach Tegel
1883 Eröffnung der Kremmener Bahn mit den Bahnhöfen Schulzendorf und Heiligensee
1895 Gründung der Freien Scholle
1898 Errichtung der Strafanstalt Tegel
1898 Fertigstellung der Borsigwerke Tegel
1899 Gründung von Borsigwalde
1910 Die Gemeinden Reinickendorf, Tegel, Wittenau und Rosenthal errichten ein gemeinsames Krankenhaus an der Teichstraße; Einweihung der Gartenstadt Frohnau
1911 Einweihung des Rathauses Reinickendorf
1913 Erste Straßenbahnverbindung zwischen Heiligensee und Tegel
1920 Gesetz über die Bildung einer neuen Stadtgemeinde von Groß-Berlin; Reinickendorf wird der 20. Verwaltungsbezirk

1922	Gründung der Schulfarm Scharfenberg
1931	Fertigstellung der Weißen Stadt
1933	Machtergreifung Hitlers; Gleichschaltung der Reinickendorfer Bezirksverwaltung
1934	In Lübars werden fünf Höfe zu Erbhofbauern im Sinne des NS-Erbhofgesetzes ernannt
1939	Beginn des Zweiten Weltkrieges; in Reinickendorf werden in den folgenden Kriegsjahren zahlreiche Zwangsarbeiter und Kriegsgefangenenlager zur Aufrechterhaltung der Rüstungsproduktion eingerichtet
1943/ 1944	Verhaftung und Hinrichtung mehrerer Mitglieder der Widerstandgruppe »Mannhart« bei »Rheinmetall-Borsig«
1945	Ende des Zweiten Weltkrieges; Reinickendorf wird zusammen mit Wedding der französische Sektor Berlins
1948	Fertigstellung des Flughafens Tegel während der Berliner Blokkade
1958	Eröffnung der U-Bahnverbindung nach Tegel
1961	Bau der Berliner Mauer; Reinickendorf wird von seinem Umland abgeschnitten
1963– 1974	Errichtung des Märkischen Viertels
1966– 1972	Entstehung der Rollberge-Siedlung in Waidmannslust
1970	Eröffnung des Tegel-Centers
1975	Inbetriebnahme des neuen Flughafens Tegel
1984– 1987	Bebauung des Tegeler Hafens als Projekt der Internationalen Bauausstellung
1988	Fertigstellung der Humboldt-Bibliothek in Tegel
1989	Fall der Berliner Mauer, Reinickendorf erhält wieder sein altes Umland
1994	Eröffnung der U-Bahnverbindung nach Wittenau; Verabschiedung der französischen Alliierten
1996	Grundsteinlegung für die Bebauung des ehemaligen Borsiggeländes
1997	Tegelort feiert seinen 125. Geburtstag, Lübars feiert sein 750jähriges Bestehen.

STATISTIK

Einwohner	
Reinickendorf	255 549
in % von Berlin	7,4
Berlin insgesamt	3 468 261

Fläche	in km²
Reinickendorf	89,46
Berlin	889,12

Fläche der Ortsteile	in km²
Reinickendorf	10,1
Tegel	34,3
Konradshöhe/Tegelort	2,2
Heiligensee	10,7
Frohnau	7,8
Hermsdorf	6,0
Waidmannslust	2,3
Lübars	4,9
Wittenau	11,2

Flächennutzung	in km²	in %
Gebäude- und Freifläche	34,81	38,9
Betriebsfläche	0,23	0,3
Erholungsfläche	7,16	8,0
Verkehrsfläche	14,23	15,9
Landwirtschaftsfläche	4,64	5,2
Waldfläche	19,71	22,0
Wasserfläche	7,41	8,3
Flächen anderer Nutzung	12,7	1,4

POSTLEITZAHLEN

Reinickendorf	13403, 13405, 13407, 13409
Wittenau	13435, 13437, 13439
Frohnau, Hermsdorf	13465, 13467
Lübars, Waidmannslust, Wittenau	13469
Heiligensee, Tegel	13503
Heiligensee, Konradshöhe, Tegel	13505
Tegel	13507
Reinickendorf, Tegel, Wittenau	13509

VERKEHR

Busverbindungen (Auswahl der Haltestationen)

Bus X21: Rosenthal/Uhlandstraße, Wilhelmsruher Damm, S+U-Bahn Wittenau, S+U-Bahn Karl-Bonhoeffer-Nervenklinik, U-Bahn Kurt-Schumacher-Platz, U-Bahn Jakob-Kaiser-Platz, S-Bahn Westend, Deutschlandhalle

Bus 107: Pankow/U-Bahn Vinetastraße, S-Bahn Pankow, Nordend, Schildow, Glienicke, S-Bahn Hermsdorf

Bus 109: Charlottenburg/S+U-Bahn Zoologischer Garten, Flughafen Tegel

Bus 120: Wedding/Gartenplatz, U-Bahn Leopoldplatz, U-Bahn Paracelsus-Bad, U-Bahn Rathaus Reinickendorf, U-Bahn Tegel

Bus 121: Niederschönhausen/Dietzgenstraße, Nordend, Rosenthal, Wilhelmsruher Damm, S+U-Bahn Wittenau, S+U-Bahn Karl-Bonhoeffer-Nervenklinik, U-Bahn Kurt-Schumacher-Platz, U-Bahn Jakob-Kaiser-Platz, U-Bahn Mierendorffplatz/Charlottenburg

Bus 122: Tegel/Reinickendorf-West/Otisstraße, U-Bahn Kurt-Schumacher-Platz, U-Bahn Residenzstraße, S-Bahn Wilhelmsruh, Wilhelmsruher Damm, S+U-Bahn Wittenau, Waidmannsluster Damm, Titiseestraße/Waidmannslust

Bus 124: Lübars/Märkisches Viertel/Quickborner Straße, Märkisches Zentrum, S+U-Bahn Wittenau, Alt-Wittenau, Gorkistraße, Alt-Tegel, Ruppiner Chaussee, Alt-Heiligensee

Bus 125: Wittenauer Straße, S+U-Bahn Wittenau, U-Bahn Rathaus Reinickendorf, S-Bahn Eichborndamm, U-Bahn Alt Tegel, Hermsdorfer Damm, Zeltinger Platz, Invalidensiedlung/Frohnau

Bus 127: U-Bahn Kurt-Schumacher-Platz, U-Bahn Paracelsus-Bad, U-Bahn Residenzstraße, Wedding, Moabit/Tiergarten, U-Bahn Birkenstraße, U-Bahn Jungfernheide, Max-Dohrn-Straße /Charlottenburg

Bus 128: U-Bahn Osloer Straße, U-Bahn Franz-Neumann-Platz, U-Bahn Kurt-Schumacher-Platz, Flughafen Tegel

Bus 133: Alt-Heiligensee, U-Bahn Alt-Tegel, U-Bahn Borsigwerke, U-Bahn Holzhauser Straße, Wasserwerk Tegel, Gartenfeld, U-Bahn Haselhorst, U-Bahn Zitadelle, U-Bahn Rathaus Spandau, Bhf. Spandau DB

Bus 153: Nordend, Wilhelmsruher Damm, S+U-Bahn Wittenau

Bus 221: Wilhelmsruher Damm, S+U-Bahn Wittenau, U-Bahn Rathaus Reinickendorf, S-Bahn Eichborndamm, U-Bahn Scharnweberstraße, U-Bahn Kurt-Schumacher-Platz, U-Bahn Amrumer Straße, U-Bahn Leopoldplatz

Bus 222: Tegelort, U-Bahn Alt-Tegel, Freie Scholle, S-Bahn Waidmannslust, Zabel-Krüger-Damm, Alt-Lübars

Bus 224: S-Bahn Tegel, U-Bahn Alt-Tegel, Schulzendorfer Straße/Ruppiner Chaussee, Stolpe-Süd, Hennigsdorf, Velten, Oranienburg/Busbahnhof

Bus 228: U-Bahn Osloer Straße, U-Bahn Franz-Neumann-Platz, Alt-Reinickendorf, S-Bahn Schönholz

Bus 248: Büdnerring, U-Bahn Residenzstraße, U-Bahn Franz-Neumann-Platz, U-Bahn Leopold-Platz, S+U-Bahn Potsdamer Platz, U-Bahn Hermannplatz

Bus 321: U-Bahn Kurt-Schumacher-Platz, S+U-Bahn Karl-Bonhoeffer-Nervenklinik, S+U-Bahn Wittenau, Senftenberger Ring Ost

Bus 322: U-Bahn Paracelsus-Bad/Aroser Allee, U-Bahn Lindauer Allee, U-Bahn Holzhauser Straße, U-Bahn Borsigwerke, U-Bahn Rathaus Reinickendorf, S- Bahn Waidmannslust, Titiseestraße

Bus 324: Alt-Heiligensee, Falkenplatz/Konradshöhe

Bus 421: Frohnau/Hainbuchenstraße, S-Bahn Frohnau, Hermsdorf, S+U-Bahn Wittenau, S+U-Bahn Karl-Bonhoeffer-Nervenklinik, U-Bahn Kurt-Schumacher-Platz, U-Bahnhof Jakob-Kaiser-Platz, U-Bahn Jungfernheide

Bus 815: Oranienburg/Busbhf., Birkenwerder, Hohen Neuendorf, Stolpe, Alt-Tegel

Bus 824: S-Bahn Tegel, U-Bahn Alt-Tegel, Schulzendorf, Stolpe-Süd, Hennigsdorf, Velten, Oranienburg, Busbhf.

U-Bahn-Linien (Auswahl der Haltestationen)

U 6: Alt-Tegel, Kurt-Schumacher-Platz, Leopoldplatz, S-Bahn Friedrichstraße, Stadtmitte, Hallesches Tor, S-Bahn Tempelhof, Alt-Mariendorf

U 8: S-Bahn Wittenau, Rathaus Reinickendorf, S-Bahn Karl-Bonhoeffer-Nervenklinik, Franz-Neumann-Platz, S-Bahn Gesundbrunnen, S-Bahn Alexanderplatz, Moritzplatz, Kottbusser Tor, Hermannplatz, Leinestraße

S-Bahn-Linien (Auswahl der Haltestationen)

S 1: Wannsee DB, U-Bahn Rathaus Steglitz, U-Bahn Yorckstraße, U-Bahn Potsdamer Platz, U-Bahn Friedrichstraße, Nordbahnhof, U-Bahn Gesundbrunnen, Schönholz, Wilhelmsruh, U-Bahn Wittenau, Waidmannslust, Hermsdorf, Frohnau, Hohen-Neuendorf, Birkenwerder, Oranienburg DB

S 2: Blankenfelde, Lichtenrade, Marienfelde, Priesterweg, U-Bahn Yorckstraße, U-Bahn Potsdamer Platz, U-Bahn Friedrichstraße, Nordbahnhof, U-Bahn Gesundbrunnen, Schönholz, Wilhelmsruh, U-Bahn Wittenau, Waidmannslust

S 25: Lichterfelde Ost, U-Bahn Yorckstraße, U-Bahn Potsdamer Platz, U-Bahn Friedrichstraße, Nordbahnhof, U-Bahn Gesundbrunnen, Schönholz, Alt-Reinickendorf, U-Bahn Karl-Bonhoeffer-Nervenklinik, Eichborndamm, Tegel

Regionalbahn-Linie (Auswahl der Haltestationen)

RE 6: S+U-Bahn Zoologischer Garten DB, S-Bahn Tegel, Linumer Bruch, Deutschdorf, Neuruppin

WICHTIGE EINRICHTUNGEN

Aids

Aids-Beratung, Nazarethkirchstraße 49a, 13347 Berlin, Tel. 457–3019

Arbeitsamt

V Berlin (regionale Zuständigkeit für die Verwaltungsbezirke Reinickendorf, Tiergarten und Wedding), Müllerstraße 16, 13353 Berlin, Tel. 4603–0

»servis« Zeitarbeit-Vermittlung (gewerbliche Berufe), Beusselstraße 44 n–q, 10553 Berlin, Tel. 396 20 81/82/83

Leistungsabteilung, An der Mühle 5–9, 13507 Berlin, Tel. 4603–0

Bäder

Freibad Lübars, Am Freibad 9, 13469 Berlin, Tel. 402 60 50

Freibad Tegelsee, Schwarzer Weg, 13505 Berlin, Tel. 434 10 78

Paracelsus-Bad, Roedernallee 200, 13407 Berlin, Tel. 495 30 21, Fax: 495 30 22

Cité Foch-Bad, Rue Georges Vallery 3, 13469 Berlin, Tel. 4110–0651

Behinderteneinrichtungen und -schulen

Begegnungsstätte für Behinderte und Nichtbehinderte, Waidmannsluster Damm 79, 13509 Berlin, Tel. 433 60 45

Beratungsstelle für Behinderte, Teichstraße 65, 13407 Berlin, Tel. 4192–5188, Fax: 4192–5163

Dachsbau, Heim für geistig und mehrfach behinderte Kinder und Jugendliche, DRK-Kreisverband Reinickendorf, Sigismundkorso 40–41, 13465 Berlin, Tel. 401 30 92

Fürst Donnersmarck-Haus, Evangelisches Rehabilitationszentrum für Körperbehinderte, Wildkanzelweg 28, 13465 Berlin, Tel. 406 06–0

Toulouse-Lautrec-Schule (Grund- und Oberschule sowie Schule für Lernbehinderte und Geistigbehinderte und Berufsschule, Ganztagsschule), Miraustraße 120–126, 13509 Berlin, Tel. 433 20 97/98/99

Wohnanlage Biberbau, DRK-Kreisverband Reinickendorf, Am Biberbau 1–5, 13465 Berlin, Tel. 401 20 70, 401 20 44

Wohnanlage für Behinderte, Fürst Donnersmarck-Stiftung, Zeltinger Straße 24, 13465 Berlin, Tel. 401 30 28

Bewag

BEWAG-AG Beratungsstelle Tegel, Berliner Straße 9, 13507 Berlin, Tel. 433 90 23

Bezirksamt Reinickendorf

Rathaus Reinickendorf, Eichborndamm 215–239, 13437 Berlin, Tel. 4192–0

Bezirksbürgermeisterin und Dezernentin für Personal und Verwaltung, Gesundheit und Umweltschutz, Marlies Wanjura (CDU), Eichborndamm 215–239, 13437 Berlin, Tel. 4192–2300, Fax: 4192–2193

Stellvertretender Bezirksbürgermeister und Bezirksstadtrat für Jugend und Schule, Wolfgang Brennecke (SPD), Eichborndamm 215–239, 13437 Berlin, Tel. 4192-2330, Fax: 4192–6325

Bezirksstadtrat für Bau- und Wohnungswesen, Dr. Diethard Rüter (SPD), Eichborndamm 215–239, 13437 Berlin, Tel. 4192–2260, Fax: 4192–3418

Bezirksstadtrat für Finanzen, Wirtschaft und Kultur, Uwe Ewers (CDU), Alt-Reinickendorf 45/46, 13407 Berlin, Tel. 4192–2290, Fax: 4192–5532

Bezirksstadtrat für Soziales und Sport, Rainer Lembcke (CDU), Eichborndamm 215–239, 13437 Berlin, Tel. 4192–2240, Fax: 4192–4248

Bezirksverordnetenversammlung

Vorsteher	Kurt Meissner	CDU
Stellvertreterin	Franziska Puls	SPD
Fraktionsvorsitzende	CDU	Frank Balzer
	SPD	Peter Senftleben
	B 90/Grüne	Oliver Schruoffeneger

Bezirksverordnetenwahlen 1995

	CDU	SPD	Bündnis 90/Grüne
Stimmen (%)	47,3	31,4	9,1
Sitze	24	16	5

Bibliotheken

Humboldt-Bibliothek, Karolinenstraße 19, 13507 Berlin,
Tel. 433 10 64, Fax: 434 63 43
Öffnungszeiten: Mo, Di, Do, Fr 10–19.30 Uhr

Audiovisuelle Abteilung in der Humboldt-Bibliothek, Tel. 433 39 80, 433 10 64, Öffnungszeiten: Mo 10–19.30 Uhr, Di, Do, Fr 10–16 Uhr

Jugendbibliothek in der Humboldt-Bibliothek, Tel. 433 10 64,
Öffnungszeiten: Mo, Di, Do, Fr 13–18 Uhr

Frohnau, Ludolfinger Platz 3, 13465 Berlin, Tel. 401 55 63,
Öffnungszeiten: Mo, Fr 13–19.30 Uhr, Di, Do 13–17 Uhr

Hermsdorf, Erich-Kästner-Bibliothek, Falkentaler Steig 10, 13467 Berlin, Tel. 404 15 70,
Öffnungszeiten: Mo, Fr 13–19.30 Uhr, Di, Do 13–17 Uhr

Märkisches Viertel (Erwachsene und für Kinder), Fontane-Haus, Königshorster Straße 6, 13439 Berlin,
Tel. 416 60 99, 4192–4712, 415 20 31,
Öffnungszeiten: Mo, Do 13–19 Uhr, Di, Fr 14–17 Uhr

Reinickendorf-Ost, Stargardtstraße 11–13, 13407 Berlin,
Tel. 455 40 28,
Öffnungszeiten: Mo, Fr 13–19.30 Uhr, Di, Do 13–17 Uhr

Reinickendorf-West, Auguste-Viktoria-Allee 29–31, 13403 Berlin,
Tel. 4192–4825,
Öffnungszeiten: Mo, Fr 13–19.30 Uhr, Di, Do 13–17 Uhr

Fahrbibliothek Reinickendorf

Haltestellen:

Titiseestraße	Mo 16–19 Uhr
Lübars/Tegel-Süd	Di 16–19 Uhr (14tägiger Wechsel)
Artemisstraße	Mi 16–19 Uhr
Konradshöhe	Fr 16–19 Uhr

Buchhandlungen

Bären Buchhandlung, Heinsestraße 47, 13467 Berlin, Tel. 404 30 96

Bücherstube Jutta Winckelmann, Falkenplatz 9a, 13505 Berlin,
Tel. u. Fax: 431 37 08

Buchhandlung am Schäfersee, Markstraße 6, 13409 Berlin,
Tel. 455 60 72, Fax: 455 60 73

Buchhandlung Haberland, Zeltinger Platz 15, 13465 Berlin, Tel. 401 37 47, Fax: 401 18 95
Hermsdorfer Buch, Heinsestraße 27, 13467 Berlin, Tel. 404 11 67, Fax: 404 52 40
L&P Das Medienhaus im Norden Berlins, Scharnweberstraße 25, 13405 Berlin, Tel. 41 78 74-11/22, Fax: 412 30 48
L&P Die Buchhandlung im Märkischen Zentrum, Senftenberger Ring 9, 13439 Berlin, Tel. 40 77 92-12/14/15
Leselust GmbH, Bücher & Holzspielzeug, Waidmannsluster Damm 181, 13469 Berlin, Tel. 402 56 06, Fax: 402 30 37
Montanus aktuell, Gorkistraße 12, 13507 Berlin, Tel. 43 49 00 91
Tegeler Bücherstube GmbH, Grußdorfstraße 17, 13507 Berlin, Tel. 433 95 03

DEKRA E.V.

Technische Prüfstelle für den Kraftfahrzeugverkehr, Kurt-Schumacher-Damm 28, 13405 Berlin, Tel. 417 84–0, Fax: 417 84–192

Deutsches Rotes Kreuz

Kreisverband Reinickendorf, Alt-Wittenau 33, 13437 Berlin, Tel. 41 47 86–0, Fax: 411 17 62
Sozialstation Reinickendorf, Wilhelmsruher Damm 116, 13439 Berlin, Tel. 415 90 17

Diakonisches Werk Berlin-Brandenburg

Bezirksstelle Reinickendorf, Alt-Wittenau 29a, 13437 Berlin, Tel. 411 48 67

Einkaufen

Ausgewiesene Einkaufszentren mit Warenangeboten des täglichen Bedarfs, Schuh- und Modegeschäften, Geschäften für Elektronikgeräte, Kaufhäusern, Markthallen, Möbel- und Einrichtungsgeschäften sind:
Tegel – Fußgängerzone Gorkistraße und Berliner Straße
Märkisches Zentrum im Märkischen Viertel, Wilhelmsruher Damm und Senftenberger Ring
Reinickendorf-Ost – Residenzstraße
Reinickendorf-West – Scharnweberstraße und Kurt-Schumacher-Platz

Kleinere Zentren mit Geschäften hauptsächlich für den täglichen Bedarf, aber auch Wolläden, Schuhgeschäfte, Bäckereien, Fleischereien, Supermärkte, Obstgeschäfte und Buchhandlungen findet man in:
Frohnau, Ludolfinger- und Zeltinger Platz
Hermsdorf, Heinsestraße
Ein innerstädtisches Großeinkaufszentrum ist in Tegel auf dem ehemaligen Borsiggelände geplant.

Erziehungsgeld (Beantragung)
Bezirksamt Reinickendorf, Eichborndamm 215–239, 13407 Berlin, Tel. 4192–0

Finanzamt
Finanzamt Reinickendorf, Eichborndamm 208, 13403 Berlin, Tel. 4197–1

Flughafen Tegel
Zentrale, Tel. 4101-1
Flughafen-Information, Tel. 4101–2306/2307

Frauen
»Flotte Lotte«, Kommunikations- und Lernzentrum für Frauen, Zufluchtswohnung für Frauen, Senftenberger Ring 12, 13439 Berlin, Tel. 416 70 11/415 15 80
Freifrau, Schlieperstraße 45, 13507 Berlin, Tel. 434 88 96/97

Gesundheitsamt
Gesundheitsamt Reinickendorf, Teichstraße 65, 13407 Berlin, Tel. 4192–2253, Fax: 4192–5049

Grundstücksamt
Grundstücksamt Reinickendorf, Alt-Reinickendorf 46, 13407 Berlin, Tel. 4192–4295

Hotels (Auswahl)
Akzent-Hotel Igel, Friederikestraße 33–34, 13505 Berlin, Tel. 43 60 01–0, Fax: 436 24 70

Blattls Comfort Aparthotel Berlin, Holländerstraße 31, 13407 Berlin, Tel. 45 60 90, Fax: 45 60 98 00

Central-Hotel Reinickendorf, Kögelstraße 12–13, 13403 Berlin, Tel. 498 81–0, Fax: 498 81–650

Central-Hotel Tegel, Holzhauser Straße 2, 13509 Berlin, Tel. 435 97–0, Fax: 435 97–481

Haus Dannenberg am See, Alt-Heiligensee 52, 13505 Berlin, Tel. 431 30 91, Fax: 431 00 73

Hotel Alt-Tegel, Treskowstraße 3–4, 13507 Berlin, Tel. 43 80 07–0, Fax: 433 86 63

Hotel am Tegeler See, Wilkestraße 2, 13507 Berlin, Tel. 4384–0, Fax: 4384–150

Hotel Carat, Ollenhauerstraße 111, 13403 Berlin, Tel. 410 97–0, Fax: 410 97–444

Hotel CD, Blankestraße 11, 13403 Berlin, Tel. 496 05 55, Fax: 496 05 40

Hotel Econtel Airport Tegel Berlin, Gotthardstraße 96, 13403 Berlin, Tel. 498 84–0, Fax: 498 84–555

Hotel Ibis Berlin-Reinickendorf, Alt-Reinickendorf 4–5, 13407 Berlin, Tel. 49 88 30, Fax: 49 88 34 44

Hotel Rheinsberg am See, Finsterwalder Straße 64, 13435 Berlin, Tel. 404 10 02, Fax: 403 50 57

Hotel-Pension Hensel-Sascha, Eichborndamm 42, 13403 Berlin, Tel. 413 81 95, Fax: 413 84 88

Hotel-Pension »Zum Anker«, Alt-Tegel 29, 13507 Berlin, Tel. 433 50 34

Hotel-Restaurant »Piccolo-Rimini«, Edeltrautweg 16b, 13505 Berlin, Tel. 43 60 02–0, Fax: 43 60 02–10

Hotel-Ristorante Gattopardo, Senftenberger Ring 5–7, 13439 Berlin, Tel. 415 26 59, Fax: 415 28 58

Novotel Berlin-Airport, Kurt-Schumacher-Damm 202, 13405 Berlin, Tel. 4106–0, Fax: 4106–700

Sorat-Hotel, Humboldt-Mühle, An der Mühle 5–9, 13507 Berlin, Tel. 4390–40, Fax: 4390–4444

Tegeler Hof, Schlieperstraße 75, 13507 Berlin, Tel. 434 20 51, Fax: 434 22 71

Waldhotel Frohnau, Schönfließer Straße 83–85, 13465 Berlin, Tel. 401 40 56, Fax: 406 10 53

Jugend- und Freizeiteinrichtungen

Es gibt eine beträchtliche Anzahl von Einrichtungen in bezirklicher, kirchlicher und privater Trägerschaft. Auskünfte erteilt das Bezirksamt, Abt. Jugend und Sport, Tel. 4192–2331, 4192–2336.

Abenteuerspielplatz Kinder- und Jugendhalle der Naturfreundejugend, Königshorster Straße 1–9, 13439 Berlin, Tel. 415 80 11

Abenteuerspielplatz Senftenberger Ring des BDP, Senftenberger Ring 23, 13435 Berlin, Tel. 416 20 01

Atrium, Senftenberger Ring 97, 13435 Berlin, Tel. 402 70 69

Centre Talma, Hermsdorfer Straße 18, 13469 Berlin

Erlebnisspielplatz, Alte Fasanerie 4–5, 13469 Berlin, Tel. 416 47 08

Freizeitpark Tegel, Campestraße 11, 13507 Berlin, Tel. 791 30 49

Jugendfarm Lübars, Alte Fasanerie 10, 13469 Berlin, Tel. 415 70 27

Jugendfreizeitheim »Schwedenhaus« der evangelischen Hoffnungs-Kirchengemeinde, Erholungsweg 64, 13509 Berlin, Tel. 433 20 89

Jugendheim der evangelischen Gemeinde Frohnau, Fuchssteiner Weg 20, 13465 Berlin, Tel. 401 50 92

Jugendheim »Fuchsbau«, Thurgauer Straße 66, 13407 Berlin, Tel. 41 92 42 66

Kindertagesstätten

Es gibt über 220 Krippen, Kindergärten, Horte und Sondereinrichtungen im Bezirk. Träger sind das Bezirksamt Reinickendorf, Amt für Kindertagesstätten und Tagespflege (Tel. 4192–666 76/75), das Diakonische Werk (Tel. 411 48 67), der Caritas-Verband (Tel. 490 08–0) und zahlreiche Eltern-Initiativ-Gruppen wie z.B. der EKT-Waldorf-Kindergarten Hermsdorf e.V., Auguste-Viktoria-Straße 4, 13467 Berlin, Tel. 404 60 08.

Kirchen und religiöse Gemeinschaften

Anskar-Kirche Berlin e.V., Tiefenseer Straße 2, 13443 Berlin, Tel. 416 90 77

Apostelamt Jesu Christi, Mitglied der gemeinsamen Apostelkonferenz-Gemeinde, General-Barby-Straße 25, 13403 Berlin, Tel. 412 18 40

Buddhistisches Haus, Edelhofdamm 54, 13465 Berlin, Tel. 401 55 80

Kin-Mo Kutso (Rinzai-Zendo) = Mumon Kai Erste Berliner Zen-Gemeinschaft e.V. »Gemeinschaft ohne Tor«, Frohnauer Straße 148, 13465 Berlin, Tel. 401 30 69

Evangelische Kirche Berlin-Brandenburg, Kirchenkreis Reinickendorf, Alt-Wittenau 70, 13437 Berlin, Tel. 411 19 19/411 30 80
Evangelische-Freikirchliche-Gemeinde Reinickendorf (Baptisten), Berliner Straße 134c, 13467 Berlin, Tel. 404 30 11
Evangelisch-methodistische Kirche Reinickendorf, Ruferkirche, Breitkopfstraße 46, 13409 Berlin, Tel. 495 90 35
Katholische Kirche, Hauptkirchengemeinde St. Marien, Klemkestraße 5–7, 13409 Berlin, Tel. 495 90 43
Russisch-Orthodoxe Kirche, Friedhofskirche des Hl. Konstantin und der Hl. Helena, Wittestraße 37, 13509 Berlin, Tel. 432 40 12

Kinos

Manhattan, Wilhelmsruher Damm 128, 13439 Berlin, Tel. 415 90 00
Provinz, Provinzstraße 30, 13409 Berlin, Tel. 491 31 61

Krankenhäuser

ASB-Hospital Konradshöhe, Rohrweihstraße 15, 13505 Berlin, Tel. 431 23 19
Dominikus-Krankenhaus, Kurhausstraße 30–34, 13467 Berlin, Tel. 4092–1
GHS-Krankenhaus für Chronischkranke, Senftenberger Ring 51, 13435 Berlin, Tel. 40 20 61, Stargardtstraße 12–14, 13407 Berlin, Tel. 498 82-0
Humboldt-Krankenhaus,
Am Nordgraben 2, 13509 Berlin, Tel. 4194–0, Fax: 4194–161,
Örtl. Bereich Frohnauerstraße 74–80, 13467 Berlin, Tel. 419 01–0,
Örtl. Bereich Olafstraße 47, 13467 Berlin, Tel. 404 40 29,
Örtl. Bereich Teichstraße 65, 13407 Berlin, Tel. 4194–0
Karl-Bonhoeffer-Nervenklinik, Oranienburger Straße 285, 13437 Berlin, Tel. 4193–1, Fax: 4193–2683
Privat-Hospital Heiligensee, Hennigsdorfer Straße 126, 13503 Berlin, Tel. 431 40 71

Kunst

Graphothek Berlin, Buddestraße 21, 13507 Berlin, Tel. 41 77 80 17
Kunstamt Reinickendorf, Buddestraße 21, 13507 Berlin, Tel. 41 77 80–0

Kunst- und Kulturvereine (Auswahl)

Bettina-von-Arnim-Gesellschaft, Verein der Freunde und Förderer der Bettina-von-Arnim Oberschule e.V., Senftenberger Ring 49, 13435 Berlin, Tel. 403 55 21

Deutsch-Französische Gesellschaft Gruppe Nord e.V. im Centre Bagatelle, Zeltinger Straße 6, 13465 Berlin, Tel. 752 99 86

Förderkreis für Kultur und Bildung in Reinickendorf e.V., Solquellstraße 34, 13467 Berlin, Tel. 404 68 93

Förderverein für Deutsch-Französische Beziehungen e. V., Rohrweihstraße 27, 13505 Berlin, Tel. 431 26 93, Fax: 436 38 58

Kulturkreis Frohnau e. V. im Centre Bagatelle, Zeltinger Straße 6, 13465 Berlin, Tel. 401 12 77

Kunstverein Centre Bagatelle, Zeltinger Straße 6, 13465 Berlin, Tel. 404 12 95

Labsaal, Natur und Kultur e.V., Alt-Lübars 8, 13469 Berlin, Tel. 434 47 59, 402 68 15

Verein zur Förderung der Deutsch-Französischen Partnerschaften e.V., Olafstraße 13, 13467 Berlin, Tel. 404 13 38

Landeseinwohneramt Berlin

Meldestelle 11, Ruppiner Chaussee 268, 13503 Berlin, Tel. 4664–1
Meldestelle 12, Am Nordgraben 6, 13437 Berlin, Tel. 4664–1
Meldestelle 13, Alt-Reinickendorf 29, 13407 Berlin, Tel. 4664–1
Meldestelle 14, Berliner Straße 35, 13507 Berlin, Tel. 4664–1

Mieterberatung

Bezirksamt Reinickendorf, Eichborndamm 215–239, 13437 Berlin, Tel. 4192–0

Museen

Feuerwehrmuseum Berlin, Berliner Straße 16, 13507 Berlin, Tel. 43 90 61 80, Öffnungszeiten: Mo, Di, So 8–12 Uhr, Mi 16–19 Uhr, Führungen und Archivbenutzung nach Anmeldung

Heimatmuseum Reinickendorf, Alt-Hermsdorf 35, 13467 Berlin, Tel. 404 40 62, Öffnungszeiten: Mi–So 10–18 Uhr,
Führungen (nur für Schulklassen) und Archivbenutzung nach Anmeldung

Schloß Tegel – Humboldt-Museum, Adelheidallee 18–21, 13507 Berlin, Tel. 434 31 56
Besichtigungen nur mit Führung, 1. Oktober bis 30. April geschlossen

Musik
Musikschule Reinickendorf, Buddestraße 21, 13507 Berlin, Tel. 4192–4775

Parteien
Bündnis 90/Die Grünen, Landesverband Berlin, Oranienstraße 25, 10999 Berlin, Tel. 61 50 05–0, Fax: 61 50 05–99, Bezirksgeschäftsstelle Reinickendorf, Scharnweberstraße 126, 13405 Berlin, Tel. 413 90 62
CDU, Landesverband Berlin, Peter Lorenz-Haus, Steifensandstraße 8, 14057 Berlin, Tel. 32 69 04–0, Fax: 32 69 04-44, Kreisgeschäftsstelle Reinickendorf, Alt-Reinickendorf 38, 13407 Berlin, Tel. 496 12 46
F.D.P., Landesverband Berlin, Mohrenstraße 20/21, 10117 Berlin, Tel. 20 29 90–0, Fax: 20 29 90–17
PDS, Landesverband Berlin, Kleine Alexanderstraße 28, 10178 Berlin, Tel. 240 09–289, Fax: 240 09–260
SPD, Landesverband Berlin, Müllerstraße 163, 13353 Berlin, Tel. 4692–0, Fax: 4692–164, Kreisbüro Reinickendorf, Waidmannsluster Damm 149, 13469 Berlin, Tel. 411 70 36

Polizei
Notruf, Tel. 110
Abschnitt 11, Ruppiner Chaussee 268, 13503 Berlin, Tel. 4664–1
Abschnitt 12, Am Nordgraben 6, 13437 Berlin, Tel. 4664–1
Abschnitt 13, Alt-Reinickendorf 29, 13407 Berlin, Tel. 4664–1
Abschnitt 14, Berliner Straße 35, 13507 Berlin, Tel. 4664–1
Kontaktstelle Flughafen Tegel, 13405 Berlin, Tel. 4664–40802

Reedereien
Bethke, Tel. 434 12 95
Stern und Kreisschiffahrt, Tel. 53 63 60–0
Triebler, Tel. 331 54 14, 371 16 71
Winkler, Tel. 391 70 10

Schulverwaltung und besondere Schulen (Auswahl)

Landesschulamt Berlin, Storkower Straße 133, 10407 Berlin, Tel. 4214–0, Außenstelle Reinickendorf, Buddestraße 21, 13057 Berlin, Tel. 4192–4719

Schulpsychologische Beratungsstelle, Alt-Wittenau 8, 13437 Berlin, Tel. 4192–4830

Evangelische Schule Frohnau (Grund- und Oberschule), Benediktinerstraße 11–17, 13465 Berlin, Tel. 401 49 54

Katholische Schule Salvator (Grund- und Oberschule), Fürst-Bismarck-Straße 8–10, 13469 Berlin, Tel. 411 11 98, Filiale in St. Martin (Katholische Grundschule Klasse 1–4), Königshorster Straße 4, 13439 Berlin, Tel. 416 46 56

Märkische Grundschule (Europa-Schule), Dannenwalder Weg 163–165, 13439 Berlin, Tel. 4192–4815

Schulfarm Scharfenberg (Gymnasium und Internat), Insel Scharfenberg, 13505 Berlin, Tel. 433 80 63 (Schule), Tel. 433 80 74 (Internat)

Staatliche Fachschule für Familienpflege Berlin, Staatliche Fachschule für Hauswirtschaft Berlin, Staatliche Fachschule für Lebensmitteltechnik Berlin, Cyclopstraße 1–7, 13437 Berlin, Tel. 414 10 10

Toulouse-Lautrec-Schule (Grund- und Oberschule sowie Schule für Lernbehinderte und Geistigbehinderte und Berufsschule, Ganztagsschule), Miraustraße 120–126, 13509 Berlin, Tel. 433 20 97/98/99

Waldorfschule, Treuenbrietzener Straße 28, 13439 Berlin, Tel. 415 10 58

Seniorenclubs (Auswahl)

Club der Lebensfrohen, Märkisches Viertel, Finsterwalder Straße 33, 13435 Berlin, Tel. 402 70 72

Heiligensee, Alt-Heiligensee 39, 13503 Berlin, Tel. 431 29 39

Hermsdorf, Berliner Straße 105–107, 13467 Berlin, Tel. 404 40 28

Lübars, Am Vierrutenberg 2, 13469 Berlin, Tel. 402 44 85

Märkischer Seniorentreff, Senftenberger Ring 34a, 13435 Berlin, Tel. 416 46 42

Reinickendorf, Büdnerring 48, 13409 Berlin, Tel. 492 78 88

Seniorenclub Frohnau e. V., Centre Bagatelle, Zeltinger Straße 6, 13465 Berlin, Tel. 404 96 26

Seniorenfreizeitstätte Stargardtstraße, Stargardtstraße 3, 13407 Berlin, Tel. 455 99 88
Tegel, Alt-Tegel 43, 13507 Berlin, Tel. 433 12 02

Sozialhilfe (Beantragung)

Bezirksamt Reinickendorf – Sozialamt, Eichborndamm 215–239, 13437 Berlin, Tel. 4192–0

Sportvereine

In Reinickendorf gibt es eine Vielzahl von Sportvereinen zu allen Sportdisziplinen. Neben den bekannten und traditionsreichen Vereinen wie dem TSV Berlin-Wittenau 1896 e. V., dem BTSV Reinickendorfer Füchse, dem SC Tegel e.V., SC Wacker 04 e. V. und anderen gibt es zahlreiche Angler- und Wassersport-, aber auch Ballsport-, Kampfsport- und Leichtathletikvereine. Genaue Auskünfte und die Adressen der Vereine erhält man beim Sportamt Reinickendorf unter Tel. 4192–2667, 4192–2266 und 4192–2819.

Standesamt

Standesamt Reinickendorf, Eichborndamm 215–239, 13437 Berlin, Tel. 4192–0, Fax: 4192–2224

Taxistände

Am Schäfersee/Residenzstraße, Tel. 455 40 44
Eichborndamm/Rathaus Reinickendorf/Taldorfer Weg, Tel. 411 25 56
Flughafen Tegel: a) Haupthalle, b) Ladeleiste, c) Flugsteig 16, d) Nachrückbereich 1–5
Heiligenseestraße/Elchdamm
Humboldt-Krankenhaus
Karl-Bonhoeffer-Nervenklinik
Karolinenstraße/Am Tegeler Hafen, Tel. 433 99 94
Kurt-Schumacher-Platz, Tel. 496 39 98
Roedernallee/Lindauer Allee, Tel. 496 30 00
S-Bahnhof Wittenau/Wilhelmsruher Damm
Seidelstraße/Holzhauser Straße, Tel. 432 20 55
Wilhemsruher Damm/Senftenberger Ring, Tel. 416 47 57
Zabel-Krüger-Damm, Tel. 402 40 60
Zeltinger Platz, Tel. 401 68 68

Tierarzt

Amtstierärztliche Untersuchungen, Bezirksamt Reinickendorf – Gesundheitsamt, Teichstraße 65, 13407 Berlin, Tel. 4192–2255, Fax: 4192–5009

Umwelt

Umweltamt Reinickendorf, Teichstraße 65, 13407 Berlin, Tel. 4192–0, Fax: 4192–5009

Veranstaltungsorte/Spielstätten

Centre Bagatelle, Zeltinger Straße 6, 13465 Berlin, (Anmeldungen: Tel. 416 60 99, 416 90 65)
Ernst-Reuter-Saal, Eichborndamm 215–239, 13437 Berlin, (Anmeldungen: Tel. 416 60 99, 416 90 65)
Fontane-Haus, Wilhelmsruher Damm 142c, 13439 Berlin, (Anmeldungen: Tel. 416 60 99, 416 90 65)

Volkshochschule

Volkshochschule Reinickendorf, Buddestraße 21 (Tegel-Center), 13507 Berlin, Tel. 4192–4800/01

Wohlfahrtsverbände, Sozial- und Selbsthilfeorganisationen

Arbeiterwohlfahrt, Kreis 20 Reinickendorf, Roedernallee 77/78, 13437 Berlin, Tel. 411 58 63, Fax: 411 57 06:
- Familien- und Sozialberatungsstelle der Arbeiterwohlfahrt Berlin e.V., Wilhelmsruher Damm 226, 13435 Berlin, Tel. 402 61 93
- Marie-Schlei-Krankenheim, Eichborndamm 124, 13403 Berlin, Tel. 41 90 30
- Sozialberatung, Teichstraße 65, 13407 Berlin, Tel. 490 34 19/17

Berliner Elternverein e.V., Osianderweg 37, 13509 Berlin, Tel. 433 22 49
Caritasverband für Berlin e.V., Residenzstraße 90, 13409 Berlin, Tel. 490 08–0, Fax: 490 08–171:
- Behindertenhilfe, Tel. 490 08-208
- Beratungsstelle für alleinstehende Männer, 490 08–133/135
- Hilfe für arbeitslose Jugendliche, Tel. 491 50 50
- Sozialdienst für ausländische Arbeitnehmer, Tel. 490 08–201

Caritas-Bezirksstelle Reinickendorf, Wilhelmsruher Damm 144, 13439 Berlin, Tel. 415 33 00

Diakonisches Werk, Alt-Wittenau 29a, 13437 Berlin, Tel. 411 24 67:

- Beratungsstelle für Erziehungs-, Jugend-, Ehe- und Lebensfragen des Diakonischen Werkes
  Wilhelmsruher Damm 159, 13439 Berlin, Tel. 415 25 73

Familienberatungszentrum, Zabel-Krüger-Damm 52, 13469 Berlin, Tel. 402 30 31

Malteser Hilfsdienst e.V., Gliederung Reinickendorf, Osianderweg 50A, 13509 Berlin, Tel. 434 62 41, Fax: 434 79 52

Selbsthilfe-Zentrum, Kontakt- und Informationsstelle für Selbsthilfegruppen, Eichhorster Weg 32, 13435 Berlin, Tel. 416 48 42

Sozialdienst Katholischer Frauen e.V. Berlin, Residenzstraße 90, 13409 Berlin, Tel. 49 00 82 81

Sozialstation, ambulante und soziale Dienste, Waidmannsluster Damm 79, 13509 Berlin, Tel. 433 60 45, Hauspflege, Tel. 414 45 00

Wirtschaft

Wirtschaftsamt Reinickendorf, Alt-Reinickendorf 45–46, 13407 Berlin, Tel. 4192–2272; Fax: 4192–5532

Wirtschaftsförderung, Tel. 4192–5670

Wochenmärkte

(8–13 Uhr)

Alt-Reinickendorf/Ecke Residenzstraße	Mi, Sa
Zobeltitzstraße (Reinickendorf-West)	Do
Burgfrauenstraße (Frohnau/Hermsdorf)	Mo, Do, Sa
Fellbacher Straße (Hermsdorf)	Mi, Sa
Wilhelmsruher Damm (Märk. Viertel)	Do, Sa

Wohnberechtigungsscheine und Wohngeld

Bezirksamt Reinickendorf – Wohnungsamt, Lübener Weg 26, 13407 Berlin, Tel. 4192–0, Fax: 4192–5544 (Anträge für WBS können auch im Rathaus abgegeben werden)

Zeitungen – Lokalpresse

Berliner Abendblatt Reinickendorf, G+J Anzeigenzeitungen GmbH, Grünberger Straße 54, 10245 Berlin, Tel. 293 88 88, Fax: 29 38 88 77

Berliner Morgenpost, Bezirksredaktion Reinickendorf, Treskowstraße 8, 13507 Berlin, Tel. 433 20 59

MV-Express. Die Zeitung im Märkischen Viertel, Kögelstraße 7, 13403 Berlin, Tel. 496 30 24

Nordberliner, Zeitung und Zeitschriften Verlag GmbH, Oraniendamm 48, 13469 Berlin, Tel. 419 09–142, Fax: 402 50 71

Reinickendorfer Volksblatt, Breite Straße 52–53, 13597 Berlin, Tel. 35 39 06–0, Fax: 35 39 06–39

Literatur

Baudenkmale in Berlin, Bezirk Reinickendorf, Ortsteil Reinickendorf, hrsg. vom Senator für Stadtentwicklung und Umweltschutz, Berlin (o. J.)

Berlin-Reinickendorf, Stadtführer von Karl Baedecker, Freiburg 1980

Förderkreis für Kultur und Bildung e.V., Ortsgeschichtlicher Arbeitskreis Tegel, Edith Minert (Hrsg.), Tegel. Beiträge zur Großstadtwerdung eines Dorfes, Berlin 1995[3]

Frohnau, Fotos: M. Haddenhorst, Text: Peter Lemburg, Berlin 1995

C. Hamann, Learning by going: Stadterkundungen zum Widerstand 1933–1945 im Bezirk Reinickendorf, hrsg. vom Berliner Institut für Lehrerfort- und -weiterbildung und Schulentwicklung, Berlin 1986

G. Koischwitz, Sechs Dörfer in Sumpf und Sand, Berlin (o. J.)

K. Lesser-Sayrac, Ludwig Lesser (1869-1957). Erster freischaffender Gartenarchitekt in Berlin und seine Werke im Bezirk Reinickendorf, Beiträge zur Denkmalpflege in Berlin, Heft 4, Berlin 1995

H. Lindner, J. Schmalfuß, 150 Jahre Borsig. Berlin-Tegel. Berliner Beiträge zur Technikgeschichte und Industriekultur. Schriftenreihe des Museums für Verkehr und Technik Berlin, Band 7, Berlin 1987

J. Müller, Heiligensee. Ein Angerdorf im Wandel der Zeit. Chronik des Bezirkes Reinickendorf von Berlin, Teil 3, hrsg. vom Förderkreis für Kultur und Bildung in Reinickendorf e.V., Berlin 1990

J. Müller, Konradshöhe. Vom Hinterfeld zum Luftkurort. Chronik des Bezirkes Reinickendorf von Berlin, Teil 2, hrsg. vom Förderkreis für Kultur und Bildung in Reinickendorf e.V., Berlin 1990

W. Pauls, W. Tessendorf, Der Marsch in die Heimat, Frankfurt 1937

H.-J. Rasch, Die Dörfer in Berlin. Ein Handbuch der ehemaligen Landgemeinden im Stadtgebiet von Berlin, Berlin 1988

A. Reibe, Reinickendorf. Geschichte der Berliner Verwaltungsbezirke, Bd. 4, Berlin 1988

W.-B. Wendlandt und V. Koop (Hrsg.), Ein Stück Rußland in Berlin. Die russisch-orthodoxe Gemeinde Reinickendorf, Berlin 1994

A. Wietholz, Geschichte des Dorfes und Schlosses Tegel, Berlin 1922

A. Wilde, Das Märkische Viertel, Berlin 1989